Andreas Flitner
Konrad, sprach die Frau Mama...

Andreas Flitner

Konrad, sprach die Frau Mama...

Über Erziehung und Nicht-Erziehung

Severin
und Siedler

Für
Gabriele und Ursula

Inhaltsübersicht

1 Der Struwwelpeter und die Anarchie

Anstelle eines Vorworts

»Konrad«, sprach die Frau Mama, »ich geh' aus und du bleibst da.«

Wer sähe sie nicht vor sich, die zum Ausgang gekleidete Madame, drohend mit dem Zeigefinger und mit der erhobenen Schirmspitze, die verkörperte erzieherische Gewalt. Und das kläglich ihr gegenüberstehende Kind, schon im voraus schuldbewußt, weil es die Trennung von der Mutter, die Verlassenheit nicht anders wird überstehen können als mit dem tröstenden Daumen im Mund. Und schon kommt der Schneider herein – wer hat ihn nur geschickt? Wie ein Tanz, ein grauenvolles Ballett ist diese Szene dargestellt, in der die trostspendenden Daumen mit einer Riesenschere brutal abgeschnitten werden. Und dann steht es vor uns, das furchtbar bestrafte, für seine Schwäche kastrierte Kind, ein Bild des Jammers. Und über ihm, das Gesicht in der Stukkatur der Wand, eben noch streng – Gottheit oder Gewissen –, nun zufrieden lächelnd ob der erteilten Strafe und der wiederhergestellten Ordnung; so wie der Autor vorher schon höhnisch gelächelt hat: »Hei! da schreit der Konrad sehr.«

Was den beispiellosen Erfolg dieses Buches ausmacht, seine mehr als fünfhundert Auflagen, seine bis heute andauernde, alle Kritik überspülende Beliebtheit, ist nicht eindeutig zu sagen. Sind es die simplen Verse, die moritatenhaften Bilder? Ist es, wie bei den Märchen, die Möglichkeit, eigene Spannungen und Wünsche in diese Geschichten hineinzutragen? Ist es die Rache, bei der die Kinder ihre Eltern in die schauerlichen Strafen mit einbeziehen: Das haben sie nun für ihr Zetern und Mahnen: nicht nur zerschlagenes Porzellan und nasse Kleider, sondern schließlich nur noch ein Aschenhäufchen, ein Friedhofskreuz oder einen roten Punkt am Himmel, den Schirm, an dem das Kind davonfliegt in ferne Welten!

Der daumenlutschende Konrad und der trotzige Struwwelpeter sind seither Symbolfiguren in der Debatte um die traditionell-bürgerliche Erziehung, die sich in unserer Gegenwart mit Parolen wie »Schafft die Erziehung ab!« oder »Mehr Mut zur Erziehung!« neu formiert. Die Struwwelpeter-Szenen sind schon von den Zeitgenossen nicht nur als »Lustige Geschichten und drollige Bilder für Kinder« angesehen worden, sondern haben sich, bald nach ihrem Erscheinen, auf den Streit zwischen Pädagogik und Antipädagogik oder, richtiger, den Streit zwischen Anpassungsforderungen und politischer Anarchie beziehen lassen. Der Struwwelpeter selber ist ja nicht dargestellt als Finsterling und verkommenes Subjekt, sondern als ansehnlicher Junge in selbstbewußter Gebärde, der trotzig auf einem Sockel steht und seinen Haar- und Nägelschmuck vorweist: Jugendprotest in Person.

»Dieser Struwwelpeter, *angeblich* ein abschreckendes Beispiel körperlicher Unreinlichkeit und Verwahrlosung, ist im Grunde nichts anderes, als die Verführung zu burschenschaftlichen Tendenzen durch bestechende Darstellung von einem ›deutschen Jünglinge‹. Oder trugen sie nicht gerade so ihr Haar, die unglücklichen Verirrten, die vor zwei, drei Jahrzehnten unser Vaterland an den Rand des Abgrunds brachten?! Ist das nicht der ›altdeutsche Rock‹ mit dem überlegten, mehr oder weniger weißen Hemdkragen? Pfui, welche Bosheit, welche Verstellung, welch' schamlose Absichtlichkeit in jedem einzelnen Zuge! Links die Scheere, – was will sie anders, als daß sie einen Teil der ausübenden Gewalt, die nach geheiligten Verträgen bestehende Censur, verhöhnt? Der im Originale rothe Rock, drückt er nicht Freude aus, die maßlos wachsenden Nägel, die maßlos wachsende Kraft des Volkes?« (Dingelstedt 1848, nach Könneker 1977, S. 210f.)

Das geht zwar gewiß über die Absicht und Symbolik des Autors Heinrich Hoffmann hinaus. Aber daß im Struwwelpeter so etwas wie ein Standbild des widersetzlichen Kindes errichtet war und daß die ungeschorenen Haare als ein Protestsymbol für die Ungeschorenheit durch die bürgerlichen Konventionen galten – sie sind es bis heute, man denke an das Musical »Hair«! –, das war gewiß auch dem Doktor Hoffmann schon bewußt. Und daran hält sich auch die Lehre dieses Buchs, das sich mit seiner unerhörten Aggression gegen alle Unart gewiß nicht nur an die drei- bis sechsjährigen Kinder richtet, sondern auch an die Erwachsenen, an die Eltern. Auch ihnen wird mit dem Finger gedroht, daß sie, wenn sie »den Widerstand ihrer Kinder nicht rechtzeitig zu brechen vermögen, sich unversehens einem monströsen Rebellen gegenüber sehen« (ebd. S. 224).

Aber nicht nur das politische Raunen und die Protest-Symbolik im Hintergrund mag den Eltern dieses Buch interessant gemacht haben. Näher lag ihnen wohl, daß sie in diesen Szenen mit unwahrscheinlichem Ausgang eine ganze Reihe von sehr wahrscheinlichen und typischen Erziehungskonflikten wiederfanden, über die man jedenfalls ein bißchen nachdenken konnte, wenn man sie mit den Kindern las.

Da gibt es also den Widerstand des Peter Struwwel gegen die Hygiene und Pflege, gegen das Haar- und Nägelschneiden und, darüber hinaus, den kindlichen Trotz überhaupt. Da gibt es das aggressive Kind, den »bösen Friederich«, der Tiere quält und seine ältere Schwester oder sein Kindermädchen prügelt. Paulinchen steht für den Ungehorsam gegen die Eltern und für leichtsinniges Spiel mit der Gefahr. Die drei Tinten-Buben Ludwig, Kaspar und Wilhelm hänseln einen Negerjungen wegen seiner fremden Rasse und schwarzen Haut. Konrad, der Daumenlutscher, steht für Ungehorsam und Regression. Der

Suppenkaspar inszeniert die bekannten Schwierigkeiten beim Essen oder gar eine pubertäre Magersucht. Philipps Zappeln steht für mancherlei kindliche Spannungsabfuhr, die Unfälle des Hans Guck-in-die-Luft für Tagträumen und Unachtsamkeit; und Roberts Abenteuer schließlich für die Mißachtung von Wind und Wetter und gutem Rat und für das Vergnügen an der Gefahr.

Man könnte sich noch ein paar weitere Bilder denken, um das Repertoire üblicher Erziehungsszenen zu vervollständigen. »Es fehlt ein Kind, das lügt, und eines, das der Mutter heimlich Geld aus dem Portemonnaie nimmt, eines, das nicht aufräumt, und eines, das zu spät kommt – eines, das nascht, eines, das onaniert, eines, das faul ist, und eines, das sich ängstigt und nachts die Eltern aus dem Schlummer weckt« (Th. Schulze 1973, S. 294). Es sind eben Themen, in denen der Alltag sich festhakt und in denen die Eltern – sei es um der Ordnung des Zusammenlebens willen, sei es im besser verstandenen Interesse des Kindes, sei es aus Angst vor Gefahren oder vor Fehlentwicklungen – den Kindern mit Mahnungen, Forderungen oder Verboten entgegentreten.

Aber tun sie das mit Recht, tun sie es wirklich zum Wohl der Kinder? Oder tun sie es, wie die Mutter des Daumenlutschers Konrad, grundlos und unverständig, fühllos für die Wünsche des Kindes, für seine Neugier und Experimentierlust oder seine Angst und Trostbedürftigkeit? Was im Struwwelpeter als »Unarten« dargestellt und bestraft wird, das hat doch alles seine Ursachen in Regionen, welche von den Mahnungen und Strafen gar nicht erreicht werden. Nervöse Unruhe, Aggressivität, Essensverweigerung oder gar Neugier sieht man heute doch nicht mehr als Ungehorsam des Kindes an, dem man mit Drohungen und Strafen beikommen könnte; sondern vielmehr als seelische Spannung und Ausdruck unerfüllter Bedürfnisse, denen gegenüber alles das, was im Struwwelpeter zur Korrektur und Bestrafung inszeniert wird, nicht nur übertrieben, sondern schlechthin falsch und grausam erscheint. Also handelt der Struwwelpeter gar nicht von dem, was wir heute »Erziehung« nennen? Wenn das Erziehung sein soll, so müßte man stracks zum Anti-Pädagogen werden!

Aber so leicht kommen wir nicht davon. Was Kinder und Eltern an diesem Buch fasziniert, das kann ja nicht nur die Alltäglichkeit der Themen und Probleme sein, die hier Revue passieren. Sondern es muß damit zu tun haben, daß in diesen Szenen etwas von der Dynamik des Umgangs zwischen Erwachsenen und Kindern getroffen ist, wenn auch in der grotesken Übertreibung, mit der man sich die Dinge gerade noch vom Leibe halten kann. Wenn dem so wäre, könnte man dann aus dem Struwwelpeter doch etwas über die Mentalität der Erziehung, über ihren eigentlichen Charakter erfahren?

Die neuerliche Krise der Erziehung, von der die Studentenproteste und die »antiautoritäre Erziehung« wohl nur Turbulenzen an der Oberfläche waren, ist heute an vielen Stellen und an mannigfachen Erscheinungen sichtbar: in Familien, die wir kennen; im Nachdenken vieler Menschen über das Kinderhaben und über die eigene Kindheit; in der Auseinandersetzung mit Traditionen und Praktiken der Erziehung, auch mit der Struwwelpeter-Mentalität. »Schwarz« (= lebensfeindlich, tödlich) erscheint ein Gutteil dessen, was unter dem Vorwand der Erziehung den Kindern angetan wurde und bis heute angetan wird. Die Auseinandersetzung mit der eigenen, erfahrenen Erziehung ist auch ein großes Thema der belletristischen Literatur geworden. Schriftsteller der Gegenwart wie Christa Wolf, Peter Härtling, Thomas Bernhard, Peter Weiß, Maria Wimmer, Christoph Meckel, Fritz Zorn und viele andere analysieren und betrauern ihre Kindheit, beschreiben und durchdenken ihre Beziehung zu Mutter und Vater und suchen dabei ihr gewordenes, erzogenes oder revoltierendes Ich.

Die »Anti-Pädagogik« macht sich dieses Interesse an der Auseinandersetzung der Generationen zu eigen. Sie konfrontiert die Pädagogen mit ihrer »schwarzen« Tradition, mit der Bedrohung, Mißhandlung und Abrichtung, die im Namen der Erziehung den Kindern angetan wird. Und sie fragt, ob die Erziehung und ihr ganzes Rechtfertigungssystem nicht mehr Schaden als Nutzen stiften.

Wir müssen uns diesen Fragen stellen. Ich tue es in der Auseinandersetzung mit der historischen Überlieferung der Pädagogik und mit der Textsammlung *Katharina Rutschkys* zur »Schwarzen Pädagogik« im Kapitel II. Ich prüfe sodann die Thesen der gegenwärtigen Antipädagogik, ihre Zusammenarbeit mit der Antipsychiatrie und mit der Kinderrechtsbewegung im Kapitel III. Von psychoanalytischen Erfahrungen her wird neuerdings von *Alice Miller* in ihren weit verbreiteten Büchern ebenfalls eine sehr entschiedene Kritik an aller Erziehung vorgetragen; sie wird im Kapitel IV diskutiert. Im Kapitel V wird dann versucht, diese Kritiken nicht nur mit Gegenkritik zu beantworten, sondern darüber nachzudenken und an Beispielen zu erörtern, was denn Erziehung sein soll, was sie nicht sein darf, wo man sich ihrer entledigen und wo man sie nicht entbehren kann. Abschließende Erörterungen gelten der Pädagogik als Teil der Rationalität unserer Lebensführung, der Frage, wie weit wir mit »Vernunft« den Prozeß der Zivilisation noch aushalten und korrigieren können und welche Aufgaben in dieser spannungsvollen Welt der Erziehung zufallen, sie schwierig, aber unentbehrlich machen.

2 Die Last der Tradition: »Schwarze Pädagogik«

Schlaf, Kindchen, schlaf!
Da draußen stehn zwei Schaf',
Ein schwarzes und ein weißes,
Und wenn das Kind nicht schlafen will,
So kommt das schwarze und beißt es.

»Schwarze Pädagogik« nennt *Katharina Rutschky* (1977) ihre Sammlung ärgerlicher pädagogischer Texte aus dem 18. und 19. Jahrhundert. Als Schwarze Pädagogik bezeichnet sie alles das, was in der pädagogischen Theorie und Praxis dem humanen Sinn der Erziehung – nämlich der Führung des Kindes zur Mündigkeit – widerstreitet; was zwar den *Namen* der Erziehung beansprucht, aber, genauer besehen, nicht für Leben und Freiheit der Kinder, sondern vielmehr für ihre Bändigung und Kränkung, für die Zerstörung ihrer Lebensfreude sorgt. »Willst du nun nicht Vater und Mutter gehorchen und dich lassen ziehen«, so hieß es schon in Luthers Deutschem Katechismus von 1529, »so gehorche dem Henker... gehorche dem Streckebein, das ist der Tod.«

Luther schrieb zu einer Zeit, in der Erziehung den heutigen Sinn des Wortes noch nicht kannte, in der noch kaum jemand auf den Gedanken kam, ein Kind solle durch Erziehung *freigesetzt* werden zur Selbständigkeit und Personalität. Es stand vielmehr für ihn und seine Epoche fest, daß ein Kind ohne Möglichkeit des Abirrens in die Ordnung des kirchlichen, politischen und moralischen Lebens *einzufügen* sei und daß diese Ordnung unmittelbar mit der Gottesordnung zusammenhänge. Daß Luthers Stoß gegen die katholische Kirche, seine Berufung auf seinen gnädigen Gott und sein persönliches Gewissen geeignet sein könnten, das Gefüge der alten Ordnungen im ganzen ins Wanken zu bringen, das hat er selber auf keinen Fall zugeben wollen. Daher seine zornige Schrift gegen die im Namen der Reformation rebellierenden Bauern. Daher auch diese Worte makabrer Härte gegen den Ungehorsam der Kinder: Ungehorsam ist schlimmer als der Tod; ein widersetzliches Kind hat sein Leben verwirkt!

Nun geht es aber nicht um das Zeitalter der Reformation, wenn wir heute von »Schwarzer Pädagogik« sprechen. Sondern es geht um unsere eigene Gegenwart und um deren Grundlagen in der Epoche der *Aufklärung*. Bei einem wesentlichen Teil der Texte, die Katharina Rutschky zusammengestellt hat, um die »schwarze« Tradition der

Pädagogik aufzuweisen, handelt es sich überraschenderweise gerade um Zeugnisse der Aufklärungszeit und des Philanthropismus, den man als die erste große pädagogische Bewegung bezeichnen kann. Es ist die Geburtsstunde der neuzeitlichen Pädagogik, die sich nun nicht mehr als Exkurs einzelner Denker zu Erziehungsproblemen verstand, wie es sie in der abendländischen Geschichte immer wieder gegeben hat, sondern die sich als *Pädagogik für die Allgemeinheit,* als Literatur und Praxis für eine immer breiter werdende Bürgerschicht entwickelte, eben des europäischen Bürgertums und der europäischen Intelligenz, die die literarisch-philosophische Aufklärung, die Französische Revolution und die Durchsetzung moderner Persönlichkeitsrechte getragen haben.

Insofern stellt die Textsammlung von Katharina Rutschky eine enorme Herausforderung der Pädagogik und ihres historischen Selbstbewußtseins dar. Diese Herausforderung wird auch nicht dadurch abgeschwächt, daß K. Rutschky selber ihre Sammlung nicht als eine historische Würdigung, sondern als einen »tendenziösen Versuch« bezeichnet und daß sie zugibt, darin »in gewisser Weise rücksichtslos gegen die expliziten Absichten der Autoren« zu verfahren (S. XV). Die Tatsache, daß sich eine solche »Schwarze Pädagogik« überhaupt aus der Aufklärungsliteratur herauspräparieren läßt und daß die darin bezeichneten Konflikte bisher dem Bewußtsein der Pädagogen so gut wie entgangen sind, bleibt trotz der tendenziösen Auswahl schockierend. Lassen wir uns also herausfordern! Gehen wir ein Stück weit der Frage nach, wie denn die neuzeitliche Pädagogik sich und ihre Tradition in Anbetracht solcher Texte verstehen kann.

Die Aufklärung – ein schwarzes Zeitalter?

Die Text- und Zitatenauswahl K. Rutschkys ist in ihrer ganzen Einseitigkeit deshalb so wichtig, weil sie die europäische Erziehungstradition gewissermaßen gegen den Strich zu lesen gibt: Nicht wie üblich als Geschichte der Denkfortschritte, als Geschichte wachsender Einsicht in die Psyche des Kindes und zunehmenden Verständnisses für den Umgang mit Kindern; sondern als deprimierende Anhäufung von Ratschlägen und Hinweisen, wie die *Macht* gegenüber Kindern hergestellt werden kann, wie Kinder in *Gehorsam* und *Respekt* gehalten, *gelenkt* und *überwacht* werden können.

Nimmt man diese schwarzen Ratschläge zusammen, verdichtet sie und spitzt sie zu, wie es Alice Miller (1980) und Peter Gstettner (1981) getan haben, so entsteht vor unseren Augen das erschreckende Bild einer Anleitung zur systematischen Drangsalierung der Kinder unter dem Namen der Erziehung. Nicht nur um das Lenken von Kindern geht es, auch um rechtzeitige Beugung ihres eigenen Willens, Unterbindung ihrer Neugier, vor allem auf dem Gebiet der Geschlechtlichkeit; um Stabilisierung des Gehorsams, auch des unvernünftigen, nur um des Prinzips willen geforderten. Kinder sollen, nach diesen Erziehungsratschlägen, Tag und Nacht überwacht, bei jeder Heimlichkeit überführt, bei jeder Unwahrheit bloßgestellt, mit moralischen Maßstäben des Erwachsenenlebens gemessen und zugleich vor der Einsicht in die Fehler der Erwachsenen abgeschirmt werden. In der Tat: ein widerwärtiges Bild von »Erziehung«, das den Erwachsenen Unfehlbarkeit, den Kindern ständige Gefährdung, Bosheit und Neigung zur »Unart« unterstellt.

Ich beschränke mich hier ausdrücklich auf eine Diskussion der Texte aus der Aufklärungszeit und halte es nicht für zweckmäßig, diese Texte mit solchen anderer Epochen oder auch ganz und gar antiaufklärerischer Position (wie etwa den sadistischen Ratschlägen von D. G. M. Schreber oder dem Frauen- und Mutterhaß von Arthur Schopenhauer) zu vermischen, wie K. Rutschky und A. Miller es tun. Das Schockierende dieses Materials liegt für mich vor allem in dem Anteil, den die pädagogischen Klassiker der Aufklärungszeit daran haben.

Janusz Korczak hat einmal vorgeschlagen, man solle, statt weiterer Anthologien mit goldenen Worten, einmal eine Sammlung von großen Irrtümern unserer Klassiker veröffentlichen (1967, S. 152). Katharina Rutschkys Anthologie läßt sich im Sinne dieses Vorschlags von Korczak nutzen.

Sind diese Schriften damals gelesen worden? – mag man fragen. Haben sie tatsächlich einen Einfluß auf die Erziehung jener Generation gehabt? Hat die pädagogische Literatur in diesem Sinne überhaupt eine nennenswerte Bedeutung?

Literatursoziologische Studien lassen vermuten, daß die Gruppe derjenigen, die Erziehungsschriften lesen und die dort nicht nur ihre Ansichten bekräftigt sehen, sondern sich tatsächlich nach diesen Vorschlägen richten, immer nur klein war. Aber es ist hier nicht nötig, der Auflagenhöhe und der Wirkung einzelner dieser Schriften nachzuspüren und ihren Einfluß zu ermitteln. Schriften dieser Art kommen – sieht man einmal von den wenigen epochemachenden Büchern wie Rousseaus ›Emile‹ und Pestalozzis ›Gertrud‹ ab – aus einer sozialen Welt und aus einem zeitlichen und geistigen Zusammenhang, von denen sie selbst Zeugnis ablegen. Schriften von Autoren, die in ihrer Generation bekannt gewesen sind, können von uns *als Zeugen* einer Generation oder einer bestimmten Untergruppe ausgewertet werden, das heißt: sie spiegeln mehr oder weniger die Meinung der lesenden Zeitgenossen wider. Sie enthalten, das darf man voraussetzen, *eine Wahrheit, die für diese ihre Generation lesbar und erträglich war* und die dem zum Ausdruck verhalf, was von ihrer Leserschaft akzeptiert werden konnte.

Es wäre eine maßlose Überschätzung der pädagogischen Schriftsteller, wenn man annähme, sie hätten ihre Pädagogik gegen die Zeit und aus ihrem eigenen Kopfe entwickelt. Die Pädagogen etwa der philanthropistischen Bewegung nehmen auf, sprechen aus, systematisieren, was ein bestimmtes lesendes Publikum jener Epoche an Erziehungsvorstellungen entwickelt und weitergegeben hat. Gewiß haben einzelne bedeutende Denker mit großer literarischer Resonanz – wie etwa Rousseau oder Pestalozzi – durch Originalität und kühne Konsequenzen ihrer Gedanken ihre Zeitgenossen auch selber beeinflußt. Es würde aber allen sozialhistorischen Erkenntnissen widersprechen, wollte man annehmen, es habe jemals eine Pädagogenzunft gegeben, welche die »Schwarze Pädagogik« als spezifische, zunftgemäße Kunst entwickelt habe, eine schwarze Kunst gewissermaßen, als Standeswissen einer mächtigen Gruppe, neben oder entgegen den Meinungen ihrer Generation.

Wenn wir also von der zweiten Hälfte des 18. Jahrhunderts an sehen, wie sich eine bestimmte Pädagogik herausbildet, wie sie nach Systematik, nach theoretischen und praktischen Selbstdarstellungen sucht und wie sich Anfänge einer Kinderpsychologie entwickeln, wie überhaupt das Kindes- und Jugendalter als unterschieden von dem der Erwachsenen, als eigene Denk- und Erlebensform des Menschen, vor allem aber: als erziehungsbedürftig ins allgemeine Bewußtsein kommt, so ist das alles nicht als Erfindung von Pädagogen anzusehen. Sondern diese Pädagogik und Psychologie ist Ausdruck eines neuen allgemeinen Bewußtseins, eines Denkens und Räsonierens über den Menschen. Sie ist zugleich Niederschlag sozialer Prozesse, in denen Kinder und Jugendliche – zum Beispiel durch die Organisation der Schulen – einen Raum des Lernens und der Erziehung zugewiesen erhalten, der nicht mehr selbstverständlich mit dem Lebensraum der Erwachsenen identisch ist.

Dieser Wandel, der insbesondere durch das Buch von Philippe Ariès über die Geschichte der Kindheit (1960, dt. 1975) ins Bewußtsein gerückt und seither durch zahlreiche Publikationen näher beschrieben worden ist, hat nicht nur das Kind und seine neue, veränderte Stellung in der Gesellschaft zum Vorschein gebracht. Sondern dieser Prozeß hat auch die Erziehung und die Erziehungslehren im ausgehenden 18. Jahrhundert zu einem Gegenstand breiter öffentlicher Reflexion und einer bald unübersehbaren Erziehungsliteratur werden lassen. Die Pädagogik ist seither und bis in die Gegenwart Rechtfertigung und Diskussion der Erziehungsprinzipien geblieben, teils innerhalb der herrschenden traditionellen Formen von Erziehung, teils in Richtung auf neue Bewegungen und Bewußtseinsformen.

Diese Erinnerung soll nicht die Bedeutung dessen mindern, was von Katharina Rutschky unter dem Thema »Schwarze Pädagogik« zusammengestellt worden ist. Sie soll nur darauf hinweisen, daß es sich bei Rutschkys Material nicht nur um zunftmäßige Äußerungen einer Gruppe von Pädagogen handelt, sondern zunächst um Ausdruck und Darstellung dessen, was ein Zeitalter im Umbruch gesellschaftlicher und pädagogischer Normen für Irr- und Umwege eingeschlagen hat und welche Lasten es mitzuschleppen hatte, als es versuchte, neue Leitlinien für die Erziehung zu finden.

Erziehung im Prozeß der Zivilisation

Nun wird aber durch die Vorlage des Rutschky-Materials besonders eines deutlich: daß in unserer Gegenwart der Umgang mit der Geschichte und damit auch mit der Geschichte der Pädagogik in einem Wandel begriffen ist, den wir gewiß noch nicht ausmessen können, der sich aber doch in Umrissen schon abzeichnet und hier ein Stück weit diskutiert werden soll.

Pädagogische Geschichtsbetrachtung richtete sich bisher vor allem auf zwei Themen: die Geschichte der *pädagogischen Ideen* und die Geschichte des *Schulwesens*. Unter dem Einfluß der »Sozialgeschichte« sind neuerdings andere Themen hinzugetreten: Geschichte der Familie, Geschichte der Kindheit und des Jugendalters, der Bevölkerungsentwicklung, der Kinderarbeit, des Jugendrechts und anderes mehr.

Welches waren die Fragestellungen, unter denen sich Pädagogik mit geschichtlichem Material vorwiegend auseinandergesetzt hat? Die Ideengeschichte wurde zum Feld unmittelbarer pädagogischer Diskussion. So wie die Philosophie mit philosophischen Denksystemen anderer Epochen in philosophierenden Austausch tritt, etwa mit Plato oder Thomas, mit Leibniz oder Nietzsche philosophiert, an Hand jener Denksysteme das eigene Denken entwickelnd, so ist auch die Pädagogik in ihren historischen Darstellungen, vor allem auf der Grundlage der Diltheyschen Geistes- und Kulturgeschichte, mit den pädagogischen Denksystemen früherer Zeiten in Austausch getreten. Sie hat in der historischen Interpretation das eigene pädagogische Denken entfaltet. Die Pädagogikgeschichten von Wilhelm Dilthey, Hermann Leser, Albert Reble, Otto Friedrich Bollnow und die Schulgeschichte von Friedrich Paulsen gehören diesem (nach einem Ausdruck der Nohl-Schule) »historisch-systematischen« Typus der Nutzung von Geschichte an.

Man kann aber das heute wieder entflammte Interesse für die Geschichte der Erziehung und des pädagogischen Denkens diesen hier angedeuteten Richtungen nicht zuordnen. Vielmehr scheint in ihnen die Absicht wirksam, die Geschichte auch gegen das traditionelle

Selbstverständnis der Pädagogik auszuwerten. Die Pädagogik und ihre Institutionen werden als Teil eines gesellschaftlich-historischen Prozesses angesehen, der von Anpassungen, Verhärtungen, Ausgrenzungen ebenso gezeichnet ist wie von Fortschritten der Erziehung und von Verbesserungen der Lage und der Chancen von Kindern und Jugendlichen. Auch die Geschichtschreibung stützt neuerdings Züge der »Antipädagogik«.

Die zunehmende Aufklärung, so argumentiert sie, bringt eine zunehmende *Verzweckung,* eine wachsende psychologische *Objektivierung* und eine zunehmende *Einpassung* des Kindes in industrieähnliche Steuerungs- und Konformierungsprozesse mit sich. Familienerziehung, Schulwesen und Erziehungslehre werden, seit sie einem breiteren Bewußtsein zugänglich sind und sich in der modernen Form arbeitsteiliger Gesellschaften entwickeln – also seit der zweiten Hälfte des 18. Jahrhunderts – als ein Gesamtprozeß zunehmender Organisation und Manipulation der Kindesentwicklung angesehen. Die *sanfte Anpassung* (Lenzen 1978), die *Kolonialisierung des Kindes* (Mendel 1973, Gstettner 1981), die *Zerstörung unserer Glücksfähigkeit in der frühen Kindheit* (Liedloff 1980), die *Liquidierung von Kindheit* (Hengst 1981), die *Psychiatrisierung und Therapeutisierung* der Kinder (Wambach 1981), die *Zerstörung der primären Erfahrungswelt* (Bauer/Hengst 1980), die *Eroberung des Kindes durch die Wissenschaft* (Gstettner 1981) – das sind Themen und Entwicklungslinien, die nicht nur als Kulturkritik in die gegenwärtige Lage oder die jüngste Entwicklung von Kindheit und Jugendalter eingezeichnet werden, sondern die man auf denselben Prozeß zurückführt, der bisher, ebenfalls einseitig, als »Entdeckung des Kindes« und als Humanisierung seiner Lage durch Pädagogik und Psychologie dargestellt worden war.

Wie kommt es, daß ein und derselbe Vorgang – ein wachsendes Bewußtsein von der Eigenart kindlichen und jugendlichen Lebens, verbunden mit der zunehmenden Herauslösung dieses Lebens aus dem Arbeits- und Wirtschaftsprozeß – so gegensätzlichen Deutungen und Bewertungen unterliegen kann? Ist das nur ein Perspektivenwandel der Geschichtsbetrachtung, von idealistischem Fortschrittsoptimismus hin zu einem gesellschaftskritischen Zeitpessimismus, der in der Geschichte des Bürgertums die Wurzeln zum Elend der Gegenwart sucht?

Das Werk, das die Voraussetzungen für eine solche Umwertung der Geschichte geschaffen hat und gewissermaßen den Rahmen der neueren Literatur über die Geschichte der Kindheit und der Erziehung abgibt, ist *Norbert Elias' »Über den Prozeß der Zivilisation«.* Dieses Buch, das erst Jahrzehnte nach seinem ersten Erscheinen (1939, abgeschlossen schon 1936) Aufnahme und Wirkung gefunden hat, untersucht die Geschichte der Neuzeit und insbesondere das Jahrhundert der Durchformung der bürgerlichen und unternehmerischen Gesellschaft unter dem Gesichtspunkt der Sozial- und Gefühlsbeziehungen, der Sitten und der Persönlichkeitskonzepte.

Elias arbeitet dabei zwei Entwicklungslinien heraus, die in der Pädagogik bisher nicht hinreichend beachtet worden waren. Die eine Linie bezeichnet die *Konsequenzen der staatlichen Zentralisierung*. Indem der Staat Steuererhebung, Rechts- und Friedenswahrung, Polizeigewalt, Administration und Normdurchsetzung monopolisiert und von den bisher zuständigen ständischen und lokalen Kräften übernimmt, wandern die sozialen und lokalen Verantwortlichkeiten an die großen Zentren der politischen Macht. Die nachbarlichen und regionalen Strukturen werden dadurch entkräftet, zum Teil aufgelöst und damit neue Formen des Sozialverhaltens eingeleitet (ein Prozeß, der sich in den Gemeindereformen der 1970er Jahre und in den Veränderungen der Siedlungs- und Sozialstrukturen, die auch der Autoverkehr mit sich bringt, bis heute fortsetzt).

Parallel dazu, und gewiß mitbestimmt durch diesen Makroprozeß, verläuft die Entwicklungslinie der *Veränderung des Sozialcharakters und der psychischen Verhaltensmuster*. Nachbarliche Vertrautheit, soziale Offenheit, Sichtbarkeit der persönlichen Schwierigkeiten, mikrosoziale Stützung des Verhaltens der Einzelnen durch die täglich präsenten Gemeinschaften treten zurück. Sie werden abgelöst durch intimere Lebensformen der Familie und durch stärker internalisierte Normen. Der Stadtbürger des 18. und 19. Jahrhunderts ist in seiner Familie und in seiner persönlichen Sphäre mehr von seiner Umgebung getrennt, mehr auf sich selbst gestellt als sein Vorgänger in früheren Zeiten; er ist daher auch stärker von eigenen Verhaltensentschlüssen und -kontrollen bestimmt. Der Rückgang der sozialen Einflußnahmen und des Kontrollierens durch die Umgebung wird durch eine *Zunahme der Selbstkontrolle,* durch *innere Disziplinierung* wettgemacht. Gewissen, Haltung und bewußte Moral bestimmen als Kontrollinstanzen das persönliche Leben und die psychische Struktur des Bürgers. Deshalb spielen auch in der Erziehung Selbstdisziplin und Internalisierung der Verhaltensnormen eine so große Rolle. *Die Erziehungsliteratur der bürgerlichen Aufklärung ist voll von Anstrengungen zur Schärfung des Gewissens, von moralischen Ermahnungen und von Regeln einer strikten Disziplin.*

Die neue systematisierte Erziehung im 18. Jahrhundert ist aber nicht nur Ausdruck politischer Zentralisierungsprozesse und deren Niederschlag im Sozialleben. Sie wird vielmehr durch andere Strömungen und Entwicklungen mitgetragen. Norbert Elias macht insbesondere darauf aufmerksam, daß das Bürgertum in einem Aufstiegs- und Durchsetzungsprozeß begriffen war und schon von daher zweierlei betonen mußte: einmal die Unbeschriebenheit jedes Kindes, seine unendlichen Entwicklungsmöglichkeiten, die hervorgehoben werden gegen die angeborene Nobilität; zum anderen, damit verbunden, die Bedeutung der Erziehung und die gesellschaftliche Bewertung der ›Bildung‹ gegenüber anders begründeten und zugeschriebenen sozialen Rollen und Rängen. Daß die Kindheit wahrgenommen wird als ein offener, vor-gesellschaftlicher, gefäßhafter Zustand und daß die Erziehung die Bedeutung und Aufgabe erhält, eine neue, bürgerliche Nobilität herzustellen, nämlich *Bildung* zu verleihen, das sind pädagogische Ausdrucksformen dieses Zivilisationsprozesses, der im 18. Jahrhundert das Bürgertum und mit ihm die europäische Lebenswelt umformt.

Dieser von N. Elias beschriebene Prozeß hat zumindest Momente, die dem Selbstbewußtsein der Aufklärungspädagogen, ihrem Wunsch, unmittelbar an der Befreiung des Individuums und am Mündigmachen des Kindes tätig zu sein, entgegenwirken. Werden die Persönlichkeit und ihre Normen des Handelns nicht mehr durch Geburt und soziale Vorgaben bestimmt, sondern vielmehr durch individuelles Können, durch erworbene Sozialstellung und durch die eigene moralische Persönlichkeit, so steht Erziehung unter dem Druck, alles dies vorbereiten, ja selber hervorbringen zu sollen. Daher trägt die Erziehung im Zeitalter ihres Bewußtwerdens dieses Doppelgesicht: daß sie einerseits den jungen Menschen aus der Unmündigkeit und aus den Fesseln seiner sozialen Bestimmtheit befreien soll, daß sie andererseits selbst unter den Druck des Anspruchs gerät, den persönlichen und sozialen Charakter des Kindes hervorbringen und garantieren zu sollen. Diese Seite der Pädagogik, die Angst vor dem Mißlingen, die auf dem Erzieher lastet, und der Druck, den er selbst spürt und den er weitergibt, indem er das Kind nicht nur steuern, sondern in seinem Inneren eine Steuerungsinstanz aufrichten will – diese Seite der Pädagogik ist es, welche sich als »Schwarze Pädagogik« dokumentieren läßt.

Nun kann man sich aber noch nicht damit zufriedengeben, daß hier eine bisher übersehene Seite der Pädagogik herausgearbeitet und bis in die Wurzeln dieser Disziplin zurückverfolgt worden ist. Denn einmal reicht dieser Hinweis auf den Eliasschen Gedankengang nicht aus, um die Widersprüche im Denksystem der Aufklärer verständlich zu machen. Zum andern geht diese Kritik, indem sie ihre Klassiker erfaßt, auch der Pädagogik selbst an die Wurzel oder an den Kragen – und so ist sie ja auch gemeint. Indem die sogenannte *»Philanthropie«* als ihrem Wesen nach *menschenfeindlich* (leibfeindlich, triebfeindlich, kinderfeindlich, intelligenzfeindlich, freiheitsfeindlich) denunziert wird, steht die Pädagogik als Bemühung um die Vernünftigkeit der Erziehung im ganzen am Pranger. Wir müssen also feststellen, ob sich den Dokumenten, die hier als Schwarze Pädagogik beieinander stehen, nicht doch noch eine andere Vernunft abgewinnen läßt und ob sie uns helfen können, von dem Für und Wider der Pädagogik etwas mehr zu verstehen. Prüfen wir dafür einige Beispiele.

»Affenliebe« und Entwicklung der Mütterlichkeit

Unter dem Stichwort »Affenliebe« sammelt K. Rutschky Äußerungen der Pädagogen über die Verwöhnung und Verhätschelung des Kindes. Der Ausdruck geht bis in die Antike zurück: Schon Plinius erzählt, daß Affenmütter ihre Kinder zuweilen aus lauter Liebesgetue zu Tode drücken. Und noch im frühen »Brehm« steht zu lesen, daß beim Tode ihres Kindes die Affenmutter aus Kummer auch zugrundegehe. Der Ausdruck »Affenliebe« als Diffamierung einer intensiven Beziehung zwischen Mutter und Kind liefert Material für die »Schwarze Pädagogik«. »Ganz allgemein wird Liebe als Äußerung des Erziehers nicht zugelassen, denn sie kann sich nicht rechtfertigen«, sagt Katharina Rutschky zur Kommentierung ihrer Texte (S. 24). Bis hin zu Freud und seinem Über-Ich, seinem »männlichen Prinzip«, das die *Kultur* vertreten muß gegenüber dem emotionalen *Glück* der Frauen und der Kinder, ist dieser Gegensatz von Liebesverwöhnung und fordernder Erziehung lebendig.

Freud hat aber doch wohl nur eine Formulierung, ein Erklärungsmodell gesucht für eine *Spannung, die wirklich existiert,* die von keiner Anthropologie oder Erziehungslehre aufgehoben werden kann und sich deshalb auch kaum als Schwarze Pädagogik kennzeichnen läßt. »Schwarz« mögen die Schatten sein, die die Anforderungen der Realität auf das Leben des Kindes werfen. Finster kann auch der Geist der Institutionen sein, Organisation und Klima der Schule oder gesellschaftliche Forderungen, die auf die Familie drücken. Die konkrete Gestalt des kindlichen Alltags also kann unter so starken Zwängen stehen, daß keine Mutterliebe dagegen aufkommt. Aber läßt sich deshalb, auch nur in Gedanken, die Spannbreite des Lebens aufheben, die nun einmal von der emotionalen Sättigung des Kindes bis zur Arbeit, zum Können, zur Welttätigkeit reicht und die überall Erfüllung menschlicher Grundbedürfnisse und Versagung mit sich bringen kann? Glück kann das Kind erfahren, wenn es an der Brust liegt; ein anderes Glück, wenn es sich beharrlich ein Bauwerk abverlangt. So groß ist schon von früh an diese Spannweite; die Ermöglichung des einen oder anderen ist nicht von sich aus schwarz oder weiß. Erst die Geringschätzung oder Zerstörung der einen Seite zugunsten der anderen kann Unglück bringen: das verhätschelte Kind, das die Welt nur als bedrohliche Zumutung erlebt; und das leistungsdressierte Kind, dessen elementare Liebes- und Geborgenheitsbedürfnisse nie erfüllt worden sind.

Die »Affenliebe«, die verwöhnende, grenzenlose Mutter- (oder Vater-)Liebe, in der nur die eigenen Emotionen des Erwachsenen ausgelebt werden und das Kind, in Eifersucht gegenüber jeder seiner Weltbegegnungen, im Schoß festgehalten oder immer wieder dorthin zurückgerissen wird, *ist* ein pädagogisches Problem. »Affenliebe« bezeichnet eben diese Zerstörung der kindlichen Initiative und Weltzuwendung aus egoistischem Besitzverlangen der Mutter, ob sie es nun als Partnerersatz, als Stärkesymbol, als Schmuckstück oder als anderes Objekt ihrer Befriedigung benötigt. Hier gibt es Grenzen, die dem Liebesverlangen der Eltern im Interesse der notwendigen Trennung und der Selbständigkeit des Kindes gesetzt sind. Keine Pädagogik kann dieses Problem übersehen; keine pädagogische Epoche, in der man nicht darüber nachgedacht hätte, auch wenn die Begriffe dafür (Affenliebe, grenzenlose Verwöhnung, Possessivität, Overprotection) sich wandeln.

Die Materialien zu diesem Thema, die Katharina Rutschky aus verschiedenen Epochen zusammengetragen hat, werden erst im Zusammenhang einer Geschichte der Mutterliebe ganz verständlich. In Übereinstimmung mit Untersuchungen zur Geschichte der Familie, der Kindheit und des Jugendalters und zur Geschichte der psychischen Verfassung im Zivilisationsprozeß hat *Elisabeth Badinter* (1981) anhand vornehmlich französischer Quellen herausgearbeitet, daß »Mutterliebe«, das heißt die emotionale Zuwendung zum Kind, welche die Lebensregungen des Kindes aufnimmt und beantwortet und darin Partnerschaft und eigenen Lebenssinn findet, bis zur Mitte des 18. Jahrhunderts gesellschaftlich kaum hervortrat und in Dokumenten über alle Sozialschichten hinweg so gut wie gar nicht aufzufinden ist. Kinder werden auch von ihren eigenen Müttern noch kaum als liebenswerte Menschen angesehen. Sie sterben in großer Zahl dahin, oft ohne daß die Eltern später noch sagen können, wie viele sie verloren haben. In den wohlhabenderen Schichten und in den Städten werden sie, so weit wie möglich, gegen Sold an Ammen abgegeben, die sie, ihre eigenen Säuglinge vernachlässigend, als Verdienstquelle recht und schlecht durchbringen. Die Geringschätzung selbst solcher Kinder, die einen Namen oder eine Position erben sollen, ist für heutige Leser solcher Berichte kaum noch zu fassen. Auch die hohe Kindersterblichkeit jener Zeiten ist offenbar nicht nur eine Folge primitiver Hygiene, sondern auch ein Ergebnis der Achtlosigkeit, mit der das Kleinkind behandelt wurde.

Im Laufe des 18. Jahrhunderts bahnt sich hier ein grundlegender Wandel an, der vor allem das Leben der bürgerlichen Familie kennzeichnet, der zugleich mit der Neubewertung der Kindheit und des Jugendalters als Stufen und Ausprägungen des Menschseins zusammenhängt. Die anthropologische Bedeutung des Kindlichen und auch die Aufgaben der Erziehung öffnen sich erst in dieser Epoche dem Nachdenken und dem bewußten Handeln. Familienleben im bürgerlichen Sinn, als emotional getönte Lebensgemeinschaft, in der es Erziehungsreflexion und bewußte Erziehungsentscheidungen gibt, bildet sich, im städtischen Bürgertum beginnend, erst in dieser Epoche aus. Rousseaus »Emile« von 1762 hat zwar mancherlei Vorläufer in der moralphilosophischen, humanistisch-pädagogischen und belletristischen Literatur, auch in Zeugnissen neuer Emotionalität in der bildenden Kunst. Aber erst dieses Buch selber wurde eine Art revolutionärer Programmschrift, in der die lesenden Mütter und Väter eine neue Haltung und Einstellung zum Kinde, wie sie sich im Bürgertum anbahnte, in eine Theorie gebracht fanden.

Nun erst wird Mutterliebe ein gleichermaßen natürlicher wie auch gesellschaftlicher Wert. Sie wird ein idealer Anspruch, der der Mutter auch einen höheren Sozialwert innerhalb der Familie und damit der Frau eine höhere Stellung innerhalb der Gesellschaft verleiht. Mit der Liebe zum Kinde geht die Erwartung einher, die Ehe als Ergebnis eigener Wahl zu verstehen und die Familie als eine Liebesgemeinschaft auszubilden. Es entsteht das familiäre Binnenklima, welches mit sich bringt, daß gegen die bisher nahe Umgebung, die früheren Hausgenossen, die Nachbarn, die weitere Gesellschaft die Trennungswände sich erhöhen.

Die neue Mutter à la manière de Rousseau stillt ihr Kind wieder selber. Sie schnürt es nicht auf ein Wickelkissen und sperrt es nicht in ein Laufgitter ein. Sie muß deswegen auch besser aufpassen, daß ihm in seiner Bewegungsfreiheit nichts zustößt. Sie entwickelt nach und nach ein Gefühl dafür, daß dieses Kind unersetzlich ist, nicht vernachlässigt werden darf und daß es nicht nur Nahrung und Pflege braucht, sondern Anregung und Erziehung. Es wird in höherem Maße ein Teil der eigenen Existenz der Mutter, zugleich aber auch ein selbständiges, als Person zu achtendes Geschöpf. Der ganze Anspruch der Aufklärungsphilosophie, mit ihrem Respekt vor dem Menschen als einem Subjekt unveräußerlicher Rechte, und mit ihrem Willen, in jedem Menschen ein Individuum, ein selbständig denkendes und entscheidungsfähiges Wesen zu sehen, wird nun auch dem Kind schon zuteil, zumindest prospektiv: als eine *Aufgabe der Eltern,* das Kind in solche Rechte einzusetzen.

Elisabeth Badinter hat nicht nur die Entstehung dieser neuen Haltung gegenüber dem Kind und die Mutterliebe als einen neuen Anspruch und ein neues Selbstverständnis der Frau dargestellt, sondern auch die Fortentwicklung dieses Ideals im Laufe des 19. Jahrhunderts geschildert. Sie zeigt, wie die pädagogischen Aufgaben der Mutter immer weiter anwachsen, wie das gesellschaftliche Lernen, die Sprache und Bildung des Kindes, seine Moral und sein Seelenheil als immer weiter um sich greifende Pflichten die Muttererziehung beschweren. Sie zeigt, wie in dem Maße, wie die Gesellschaft ihre Bedeutung als leitende, die Lebens- und Verhaltensmuster vorgebende Gesamtorganisation zurücktritt, die Mutter-Aufgaben immer weiter anwachsen.

Sie macht auch deutlich, wie durch die Theorien und Erkenntnisse Sigmund Freuds diese Verantwortung noch einmal und fast bis ins Ungemessene gesteigert wird, da die Mutter jetzt nicht mehr nur für Gesundheit, Entwicklung und Schulleistung, sondern auch noch für das Unbewußte, für die produktive Bewältigung der Triebkonflikte ihrer Kinder verantwortlich sein soll, und dies gegenüber einer ungeniert quertreibenden »Gesellschaft«, gegen kommerzielle Verführer und die sonstigen Verwahrlosungsfaktoren, die sich neben und in den erzieherischen Institutionen breitmachen.

In diese historische Entwicklung der Mutterliebe müßte man einzuordnen suchen, was Katharina Rutschky unter dem Stichwort »Affenliebe« aus der Pädagogik und der Literatur zusammengetragen hat. Das Thema Affenliebe und die Art seiner Behandlung in der pädagogischen Literatur scheint ihr charakteristisch für die Tendenz der Pädagogik, Liebe und Zärtlichkeit zwischen Eltern und Kindern herabzusetzen und pädagogisch zu korrigieren. Da steht am Anfang die Fabel »Die Affen und die Bären« (1756) von *Ch. F. Gellert,* in der Verzärtelung in der Kinderstube und Abhärtung im Lebensalltag ironisch gegeneinander gesetzt werden. Die Oberaffenmutter, Fabeltier für die von neuen Ansprüchen verunsicherte Bürgersfrau, läßt sich so vernehmen:

Vielleicht, ich sag es voller Zittern,
Wächst unsre Jugend bloß darum so siech heran,
Weil wir sie gar zu wenig füttern.
Vielleicht ist auch der Mangel der Geduld,
Sie sanft zu wiegen und zu tragen;
Vielleicht auch unsre Milch an ihren Fiebern schuld.
Vielleicht schwächt auch das Obst den Magen.
Vielleicht ist selbst die Luft, die unsre Kinder trifft,
Wer kann sie vor der Luft bewahren?
Ein Gift in ihren ersten Jahren;
und dann auf Lebenszeit ein Gift.
Vielleicht ist, ohne daß wirs denken,
Auch die Bewegung ihre Pest.
Sie können sich durch Springen und durch Schwenken
Oft etwas in der Brust verrenken,
Wie sichs sehr leicht begreifen läßt;
Denn unsre Nerven sind nicht fest.
Hier fängt sie zärtlich an zu weinen,
Nimmt eins von ihren lieben Kleinen,
Das sie so lang und herzlich an sich drückt,
Bis ihr geliebtes Kind erstickt.

Und die Bärenmama, als Künderin ländlich-vorbürgerlicher Lebensform, entgegnet:

Nicht liegts an Luft und Milch, und nicht an Obst und Magen,
Ihr tödtet sie durch eure Weichlichkeit,
Durch eure Liebe vor der Zeit.
Gebt Acht auf unsre jungen Haufen;
Wir nehmen sie, sobald sie laufen,
Mit uns in Hitz und Frost, durch Fluren und durch Wald,
So werden sie gesund und alt.
(Fabeln S. 303 f., Rutschky S. 33 f.)

Das Gedicht ist kurz vor dem Erscheinen von Rousseaus »Emile« entstanden, also in einer Epoche, in der die neue Sentimentalität, der herzende und fürsorgliche Umgang mit Kindern eben erst in Mode kam. Die neue Zuwendung zum Kinde, so heißt es schon bei Locke, bei Fénelon, dann auch bei Rousseau, darf nicht zu einem verziehenden Umgang entarten. Erziehung muß dafür sorgen, daß die Kinder selbständig und erwachsen werden; die Zärtlichkeit und Liebe der Mutter darf diesem Ziel nicht entgegenstehen.

Die Fabel von Gellert sagt nichts anderes. Sie richtet sich gegen die neue Sentimentalität dort, wo diese zu Ängstlichkeit, zu Verweichlichung und »erdrückender« Mutterliebe führt. Und sie stimmt darin überein mit den Tendenzen der aufklärerischen Kindererziehung und will, wie sie, ein »natürliches« Leben wiederherstellen, mit Stillen an der Mutterbrust, mit rohem Obst, frischer Luft, Bewegung, Spielen und Springen im Freien. Kennzeichnend ist auch das Plädoyer für das Dorf gegen die Stadt:

Oh Reicher, soll dein Kind gesund in Städten blühen:
so zieh' es in der Stadt, wie es die Dörfer ziehen!

– und für das Leben in Natur und in Arbeit gegen das Verhocken hinter Vorhängen in warmen Stuben. So wie in den Philanthropinen mit der Jugend Sport getrieben, gewandert, handwerkliche und bäuerliche Arbeit verrichtet wird, also ein entschwindender, zumindest den Städtern ferngerückter Lebenszustand bewußt wiederhergestellt und der Jugend zugänglich gemacht werden soll, so formuliert es das Gellertsche Gedicht: eine Kurzfassung rousseauistischer Pädagogik vor Rousseau, die der neu einbrechenden Mutterliebe und -sorge an *den* Stellen ironisch entgegentritt, wo sie sie für pädagogisch bedenklich hält, und die mit guten Gründen annimmt, daß solche Übertriebenheit das Kind tatsächlich bedrohen kann.

Sieht man sie also auf dem historischen Hintergrund der Entwicklung der Mutterliebe und ihrer sentimentalen Ausprägung im städtischen Bürgertum des 18. Jahrhunderts, so ist darin von »Schwarzer Pädagogik« nichts mehr auszumachen. Es handelt sich hier allenfalls um einen nostalgischen Rückgriff auf vorbürgerliche Formen des Mitlebens der Kinder im Alltag der Erwachsenen, also um etwas, das der eigenen Erziehungslehre der Antipädagogen, die ja auf vorpädagogische Lebensformen zurückgreifen möchte, gar nicht ferne steht.

Man kann sich an dem Beispiel geradezu die Widersprüche in den Zuweisungskriterien für die »Schwarze Pädagogik« klarmachen. Wenn man gegen pädagogische Überlegungen zur Abhärtung oder Nicht-Verzärtelung polemisiert und für das Geborgenheitsverlangen, das Zärtlichkeitsbedürfnis und die Triebansprüche des Kindes Partei nimmt (sich also gewissermaßen auf die Seite der Affenmutter schlägt), so unterstützt man damit eine Seite der bürgerlichen Sentimentalität und »Herstellung« des Kindes, die man doch gleichzeitig kritisiert. In der Affen- und in der Bären-Seite der Gellertschen Fabel treten uns zwei Positionen des 18. Jahrhunderts entgegen, die beide Ausdruck der veränderten Lage des Subjekts und der damit einhergehenden pädagogischen Reflexion jener Epoche sind. Beide – das liebende Beschützen und das abhärtende Exponieren des Kindes – lassen sich übertreiben. Beide lassen sich *in ihren Extremen* der Schwarzen Pädagogik zurechnen: Mutterliebe *kann* wirklich bedrohlich und erdrükkend werden, und die Einbeziehung in den Lebenskampf der Erwachsenen *kann* zur Ausnutzung und Verkrüppelung führen. Beide Positionen kann man aber auch für die alternativen Erziehungslehren der Antipädagogen in Anspruch nehmen, sowohl die liebende, bedürfnisorientierte wie die arbeitende und exponierende Position. Das Gellert-Gedicht ist zwar deutlich in seiner Parteinahme. Aber es läßt sich, wenn man es etwas genauer interpretiert, nicht in Anspruch nehmen als eine Polemik gegen das »Glück« des Kindes und für die »Kultur«. Das Glück des Kindes kann ebenso in der liebevollen Zuwendung wie in der Teilnahme am Lebensernst der Eltern liegen. Das Glück des Kindes kann aber auch durch egoistische Verzärtelung und Behütungsängste hintertrieben werden, ebenso wie es durch Abhärtungs- und Ausstoßungsaktionen gefährdet werden kann.

Ein weiteres Beispiel aus der Rutschky-Sammlung zur philanthropistischen Auseinandersetzung mit den neuzeitlichen Erscheinungen der Mutterliebe stammt von *Joachim Heinrich Campe:*

Ein Kind, in weinerlicher Stimmung, vermag keine Auskunft über die Gründe seines Kummers zu geben und wird deshalb vom Vater aus der Stube geschickt, bis es mit seinem Weinen fertig sei.

Mutter: Aber du bedenkst nicht, Vater, daß dem armen Jungen wohl was fehlen mag. Komm mal her, Fritzchen.

(Sie nimmt ihn auf den Schoß, legt ihm die Hand auf die Stirn und drückt seinen Kopf sanft an ihren Busen.)

Sage mir, tut dir der Kopf weh?

Kind (immer lauter weinend): Ja, der Kopf tut mir weh!

Mutter (ihm den Unterleib streichelnd): Mich dünkt, der Leib ist dem armen Jungen etwas aufgetrieben. (Der arme Junge hatte kurz vorher eine gute Mahlzeit zu sich genommen.) Tut's dir hier weh, liebes Fritzchen?

Kind (wie zuvor): Ja, der Leib tut mir weh!

Mutter: Nun, gib dich zufrieden, mein Engel; sollst heute auch nicht in die Schule gehen und ich will dir Rosinen und Mandeln und einen Haufen Spielzeug geben.

Plötzlich ward der Junge still; sein Kopf- und Bauchweh waren vergangen; und für den Vater blieb nun, um das Übel nicht noch ärger zu machen, weiter nichts übrig, als stillschweigend Stock und Hut zu ergreifen und auszugehen. – Gott begleite dich, armer bekümmerter Mann, und gebe dir Worte der Überzeugung, um deiner Gattin begreiflich zu machen, wie viel Unheil sie durch ihre unzeitige Zärtlichkeit gestiftet hat!

Fast jedes ihrer Worte war ein pädagogischer Fehler von Erheblichkeit, und es ist schwer zu entscheiden, welcher der erheblichste war. (Campe 1778, II, 174 ff.; Rutschky S. 47.)

Die Moral auch dieser Geschichte ist nicht von der Hand zu weisen: Eltern können in der Tat ihre Ängste um ihr Kind kultivieren und damit alles Fordernde vom Kind abhalten. Und die besorgten Fragen, die die Mutter an das Kind richtet, kann man mit Campe als bereitwillig aufgenommene Leidensvorschläge ansehen. Die Tröstung des Kindes wird mit regelrechten Bestechungsgaben unterstützt und das Kind auf diese Weise still gemacht – das alles sei Campe und seiner Falldarstellung zugestanden.

Aber: das Kind in dieser Szene *hat* Kummer und *ist* trostbedürftig. Seine Annahme der mütterlichen Vorschläge ist doch nur Ausdruck dafür, daß es, wenn auch nur aus trauriger Stimmung, also »grundlos« und deshalb auch nicht sprachfähig, doch wirklich leidet und daß es des Trostes und der Anerkennung seines Leidens bedarf. Es mag sein, daß die Befreiung von der Schule ein berechnetes Ziel des Kindes ist; aber auch dies kann Ursachen haben, die zu ermitteln und anzuerkennen wichtig wäre. Ob in diesem Betracht die Handlung der Mutter »richtig« ist oder die Forderung Campes, das Kind trotz seines Kummers und Widerstands in die Schule geschickt zu sehen – das läßt sich aus dieser Geschichte nicht entscheiden. Beides wiederum sind legitime, die Bedürfnisse und Ansprüche des Lebens spiegelnde Anforderungen an den Erzieher: Er soll dem Kind hier Empathie entgegenbringen, ihm Schutz und Hilfe angedeihen lassen; und er muß auch den Anforderungen (der Schule), die ja ebenfalls im Interesse des Kindes erhoben werden, ihr Recht geben und dem Kind bei der Bewältigung dieser Anforderungen helfen. Indem das Exempel Campes nur die *eine* Seite sieht, die Forderung an das Kind, nicht aber die *andere,* die Verletzlichkeit und Bedürftigkeit des Kindes, kann man es in der Tat zur Pädagogik der Gefühllosigkeit, zur Schwarzen Pädagogik rechnen.

Die »Produktion« der Kindheit

Nicht nur Erziehung also, sondern auch das Kind wird von den Antipädagogen als eine Erfindung der Erzieher angesehen. Die neuzeitliche Gestalt des Kindes sei erst durch Definitionsprozesse und durch gesellschaftliche Absonderung entstanden und zu einem Problem geworden. Die Pädagogik habe sich gewissermaßen den Gegenstand selbst geschaffen, den sie mit ihrer Kunst, nämlich der für diese Kinder zugerichteten und als notwendig ausgegebenen Erziehung, lenken müsse. »Kindheit« wäre dann nicht so sehr Anlaß als selber ein Zweckprodukt der Pädagogik, das heißt eine ideologische Schöpfung der Pädagogen.

Eine solche Umkehr bisherigen Selbstverständnisses ist in den letzten anderthalb Jahrzehnten vielen Humandisziplinen widerfahren: als radikale Institutionenkritik im Sinne der Kritischen Theorie und als Nachdenken über die materiellen und ideologischen Voraussetzungen aller Wissenschaft. »Kriminalität« ist auch ein Produkt strafrechtlicher Definition. »Krankheiten«, jedenfalls die verbreiteten Krankheiten unserer Zivilisation, konstituieren sich im System der medizinischen Wissenschaft und der ärztlichen Versorgung. »Geisteskrankheiten« sind mitbestimmt und ausgeformt durch die psychiatrische Krankheitsdefinition und durch das Behandlungs- und Versorgungssystem der vorherrschenden Psychiatrie. »Abweichendes Verhalten« oder »Verwahrlosung« hängen zusammen mit der Festlegung dessen, was geduldet oder nicht geduldet werden soll, also mit Kriminologie und Sozialarbeit. Das Bedürfnis immer größerer Teile der Bevölkerung, sich analytischer Beratung oder Behandlung zu unterwerfen, ist selber eine Wirkung der Psychoanalyse und ihrer Publizistik, und so fort.

Der Wahrheitsanteil, den diese Radikalkritik enthält, ist auf den verschiedenen Gebieten, die hier als Beispiele genannt wurden, sicher verschieden proportioniert. An der Ausbildung von »Kindheit« und »Jugend« und an der Vorstellung davon, was in diesem Alter geschehen soll, haben, wie Ph. Ariès gezeigt hat, die pädagogischen Einrichtungen, jedenfalls die Schule und ihr Jahrgangssystem, gewiß mitgewirkt.

»Erziehung«, sagt K. Rutschky (S. 102), »ist auch zu verstehen als ein Prozeß, in dem Kindheit und Jugend definiert werden... Die Definitionen müssen die endlose Institution, die Erziehung ist, rechtfertigen.« Das Kind wird zu diesem Zweck als hilflos, töricht, als böse oder gar als krank definiert. »Der Eingriff in ein anderes menschliches Wesen läßt sich... am ehesten dann rechtfertigen, wenn ihm auf irgendeine Weise der normal-menschliche Status abgesprochen werden kann.« Ein Kind, das solchen Definitionen der Kindlichkeit nicht entspricht, ist den Pädagogen suspekt. »Die Ideologie des Kind- und

Altersgemäßen dient der Tendenz, die Kluft zwischen Erwachsenem und Kind zu erweitern, die Kinder durch Zuteilung besonderer Kleidung usw. zu stigmatisieren... Der Erzieher kann auf die schroffe Polarisierung von Erwachsenen und Kindern nie verzichten.«

Wir sahen aber schon oben: Wenn man diese Polarisierung nur als Produkt professioneller Willkür der Pädagogen ansieht, so überschätzt man bei weitem die Bedeutung der Pädagogik und ihrer Möglichkeit, auf so tiefgreifende gesellschaftliche Prozesse wie den Wandel der sozialen Stellung des Kindes einzuwirken, geschweige denn ihn hervorzubringen. Aber es ist doch auffällig, und es wird an Hand der Rutschky-Materialien nochmals deutlicher, welchen Eifer die philanthropischen Pädagogen an den Tag legen, die neue gesellschaftliche Stellung und Absonderung des Kindes zu unterstützen. Kinder *dürfen* nicht nur, sondern sie *sollen,* sie *müssen* Kinder sein; die Trennung, das Abstands- und Hörigkeitsbewußtsein wird den Erziehern mit allen Mitteln eingeschärft.

»Ihr dürfet zwar«, so ermahnt J. B. *Basedow* die Erzieher, »*an den Spielen* und Vergnügungen eurer Kinder Theil nehmen und mit ihnen scherzen: aber ihr müsset alsobald ernsthaft werden und zu einigem Verdruß der Kinder aus dem Spiel treten, wenn sie durch Worte, Mienen und andere Handlungen die äußerliche Ehrerbietung gegen euch vergessen. Ihr müsset ihnen eure Spielgemeinschaft so angenehm machen, daß sie um diese Wohlthat bitten, und wenn ihr Abschied nehmt euch ehrerbietig danken...

Eure Gegenwart ist den Kinder ein großes Gut: aber der gewöhnliche Genuß desselben wird ihnen angenehmer bleiben, wenn ihr sie damit nicht überhäuft.

Laßt... *keine Wohlthat* gegen Kinder so *zur Gewohnheit werden,* daß sie aufhören, ihnen Freude und eine Erinnerung an eure freiwillige Güte zu verursachen. Nicht zur Strafe, sondern bloß weil ihr es wollt, müssen sie zuweilen solche Speisen und Getränke genießen, die ihnen nicht so gut schmecken als die gewöhnlichen...

Es ist sehr schädlich, wenn bei *Gastmahlen* Kinder den Alten gleichgehalten und mit in die Reihe gesetzt werden. Ihnen gehört alsdann ein besonderer Tisch unter der Aufsicht einer erwachsenen Person...

Der *Nachtisch* wird zwar den Kindern am meisten gefallen; aber ordentlicherweise muß ihnen davon nichts oder sehr wenig gereicht werden...«

Es müssen *Absätze des Lebens* sein: der Kindheit bis ins zehnte, der ersten Jugend bis ins sechszehnte, der zweiten Jugend bis ins zwanzigste Jahr, oder bis zur Verheirathung. Jede Periode muß ihre besondern Pflichten und Rechte haben und zwar nicht von den bestimmten Jahren geendigt, doch durch Mangel des Fleißes und der Sittsamkeit verlängert werden können...

Schon oben habe ich den Wunsch angezeigt, daß die *Kinderkleidungen* einfacher und von den Kleidern der Erwachsenen merklich unterschieden sein möchten.« (Basedow 1773, S. 69 ff.; Rutschky S. 116 ff.)

Der ganze Jammer der Pädagogik rührt einen an, wenn man diese Rezepte liest, mit denen Abtrennung, Niederhaltung und Klassenbildung gesichert werden sollen. Und man lobt sich das, was Ariès die »Promiskuität« im *Ancien régime* genannt hat: daß Erwachsene und Kinder an allen Orten beisammen blieben, zusammen lebten, aßen und schliefen, gemeinsam arbeiteten und spielten, ohne auch nur das Bedürfnis zu empfinden, für die Spiele oder auch für das Lernen und Arbeiten der Kinder abgesonderte Einrichtungen zu treffen.

Die gesellschaftliche Entwicklung ist den Weg der Absonderung weitergegangen. Das bürgerliche und arbeitsteilige Leben des 18. und 19. Jahrhunderts verweist die Kinder mit einem wachsenden Teil ihres Lebens in besondere Räume, und es entwickelt zugleich die Wahrnehmung der leib-seelischen Eigenart und der psychischen Bedürftigkeit der Kinder. Das ist ein komplexer Vorgang, von dem die obigen Basedow-Zitate nur eine Seite, ja nur eine bestimmte Linie andeuten.

Eine andere Linie ist bestimmt durch die *Zivilisationskritik,* die seit Rousseau die Wünsche und Gefühle der Erwachsenen auf die Kindheit lenkt. In der eigenen Zivilisationsmüdigkeit und Gesellschaftskritik erscheint die Kindheit als ein Stadium der Unschuld und Reinheit, der Spontaneität und Lebensfreude, als Ort der Projektion eigener Wünsche und Sehnsüchte der Erwachsenen. Auch hier wird das Kind eher im besonderen Zustand der Kindlichkeit gehalten, als zu früh in die Welt der Erwachsenen überführt.

Und wieder eine andere Linie ist die einer pädagogisch begründeten *Befreiung* der Kinder aus dem bürgerlich-industriellen Alltagsleben, der Schonung jedenfalls für eine bestimmte Zeit, in der sie ihre neu entdeckte Kindlichkeit nach den Bedürfnissen und Gesetzen ihrer eigenen Entwicklung ausleben dürfen, bevor sie nach und nach mit den Forderungen der Gesellschaft behelligt werden.

Schon die Einführung der Kinderkleidung durch die Philanthropen kann man nicht nur als Symbol der Ausgliederung oder gar als Stigmatisierung der Kinder (Rutschky) bezeichnen, ohne zugleich an den Akt der Befreiung zu erinnern, der damit verbunden war. Daß Kinder von Reifröcken, Schnürbrüsten und Fracks befreit wurden (anderthalb Jahrhunderte, bevor die Erwachsenen selber diese Kostüme ablegten), daß sie eine Kleidung bekamen, in der sie sich bewegen, spielen, herumspringen konnten, die sich auch beschmutzen und leicht wechseln ließ, das wird man ja wohl nicht nur als Benachteiligung und Stigmatisierung durch die Erwachsenen bezeichnen können.

Aktions- und Gefühlsfreiheit ist es an erster Stelle, was den Kindern eingeräumt werden soll.

»Jemehr wir... die unschuldige Freyheit und das Vergnügen unserer Kinder beschneiden; jemehr wir sie üben, die freudigen Aufwallungen ihrer jugendlichen Gefühle unter den Gesetzen der sogenannten feinen Lebensart gefangen zu nehmen: um desto freudenloser werden ihre männlichen Jahre, um desto trübsinniger wird ihr Alter seyn« –

so schreibt *J. H. Campe*, Basedows Zeit- und Streitgenosse, in seiner »Nöthige(n) Erinnerung, daß die Kinder Kinder sind, und als solche behandelt werden sollten!« (1778, I, 169.)

Eine weitere Forderung geht auf *Freiheit gegenüber dem ständischen System.* Darin steckt natürlich wieder ein Stück Zeit- und Gesellschaftskritik, die man in das Kinderleben projiziert. »Ich habe den Menschen, als Menschen, schätzen, frühzeitig den Unterschied der Stände, nicht als wesentlichen, sondern als zufälligen Unterschied kennen, den Tagelöhner so wohl, als den Fürsten, für meine Brüder halten lernen« (vgl. Herrmann S. 472); sollten Kinder nicht auch zuerst Menschen als Menschen erfahren, bevor sie beginnen, sie in die Standeswelt einzuordnen? Stattdessen aber läßt man schon Kinder mit »Monsieur« und »Mademoiselle« anreden. Man quält sie mit gutem Benehmen und Regeln der Höflichkeit. Man lehrt sie, sich gegen Kinderfrauen und Hausgesinde herrschaftlich zu benehmen. Sie müssen ihre natürliche Lebhaftigkeit, »die Aufwallung jeder frohen Empfindung gewalttägig unterdrücken lernen, um sich ja nie zu vergessen, nie eine Bewegung zu machen, nie eine Stellung anzunehmen, welche den Regeln der Tanzkunst und der eingeführten äußerlichen Wohlanständigkeit zuwider wäre«. Sie »sollen nicht die grade Sprache der Natur, sondern die weitschweifige, mit unnützen Beywörtern und bedeutungsleeren Phrasen überladene, unwahre Komplimentensprache reden.« Von all dem will Campe sie freihalten; nicht Gesellschaftsmarionetten sollen sie sein, sondern menschliche, lebendige Personen (Campe I, 162; Rutschky S. 112).

Und ein Drittes, damit Zusammenhängendes: Kinder sollen nicht, wie bisher, so früh wie möglich mit Schulwissen angefüllt und *auf Gelehrsamkeit abgerichtet* werden. Campe hat eine Abhandlung »Über das schädliche Frühwissen und Vielwissen der Kinder« (1778) verfaßt, in der er gegen die Treibhausproduktion früher Vielwisserei zu Felde zieht, gegen die Aufzucht von klugschnackenden Kindern, mit denen sich Lehrer und Eltern nur brüsten wollen. Campe stellt, in Form eines erfundenen Gesprächs, ein solches Bübchen musterhafter Gelehrsamkeit vor, das seinem Vater und dessen Gast sich gleich in drei Sprachen präsentiert, das aber in den einfachsten Dingen der Natur und des sozialen Umgangs, etwa beim Sturz eines alten Mannes auf der Straße, sich nicht zu helfen weiß. Der Vater, der eine solche Dressur mit seinem Kind veranstaltet, ist laut Campe

»ein Mörder seines eigenen Sohns, und zwar einer der grausamsten, weil er nicht bloß den Leib, sondern auch die besten Seelenkräfte desselben mordet...

Denn so, wie sein Gedächtniß mit unfruchtbarer Wörterkenntnis vollgepfropft wird, so wird auch im gleichen Maße sein Herz immer leerer an guten Empfindungen, sein Gefühl gegen schöne Natur, gegen Freundschaft und Menschenliebe überhaupt immer stumpfer, sein Geschmack an häuslicher Familienglückseligkeit immer eingeschränkter, seine Eitelkeit hingegen, seine Ruhmsucht, und mit ihr sein inneres Elend immer unermeßlicher werden. Der einzige Vortheil, der ihm von seiner frühzeitigen Gelehrsamkeit übrigbleiben wird, wird am Ende bloß darin bestehen, daß er über sein trauriges Verhängniß sich in sechs oder sieben Sprachen beklagen und seinem unweisen Vater in eben so vielen Mundarten fluchen kann.« (II, 307 ff.; Herrmann S. 475.)

Basedow freilich hatte bei der ersten öffentlichen Vorstellung seines Philanthropins seine Kinder wie Zirkuspferde vorgestellt und die wunderbarsten Dressurakte aufführen lassen. Basedow war es auch, der den Müttern schon für das Stillen ein Sprachtraining empfahl:

»Warum sagt man nicht einförmig, wenn man die Brust reicht, Brust, Brust! und wenn der erste Zug geschieht, Milch, Milch, oder süß, süß, oder schmeck, schmeck? usw. ... Warum wird des Kindes Aufmerksamkeit auf alles, was den Müttern zu zeigen einfällt, gerichtet und nicht nach und nach auf dieses und jenes mit Ordnung? Warum lehrt man das Kind durch Führung der Hand nicht ordentlich nacheinander etwas betasten, von sich schieben, zu sich schieben, greifen, halten, loslassen? ... Sage bei dem Dasein oder den Veranstaltungen der Umstände mit einförmigen Worten: Hell, dunkel; laut, leise; süß, sauer; eins-eins, zwei; kommen, weggehen; klapp, puff; Milch (wenn Milch da ist), ja!; Bier, nein! usw. So wird euer Kind einige Monate früher gesellschaftlich. Und das ist keine Kleinigkeit, wenn seine Gesellschaft gut ist. Kurz, jedes Spiel, jeder Scherz mit Säuglingen oder mit Kindern, die nicht viel älter sind, muß mit Absicht auf Kenntnis der Gegenstände und ihrer Namen und auf Vorübungen der Sprachglieder und anderer Teile des Leibes eingerichtet sein.« (1783, S. 23; Rutschky S. 37f.)

Man sieht also: Gegensätze auch hier, im Hause der philanthropischen Genossenschaft. Die grundlegende Absicht der Reformer ist klar: Sie wollen das einfache Mit-Leben der Kinder im Strom des gesellschaftlichen Erwachsenenlebens nicht mehr gelten lassen. Sie gründen Gemeinschaften des Kinder-lebens und -lernens, in denen, abseits vom unpädagogischen Alltag, ein erzieherisches, kindlich-natürliches, vorgesellschaftliches Leben ermöglicht werden soll; und in denen zugleich das Lernen von Kindern geordnet und systematisiert und damit weit über das Alltags- und Mitläuferlernen hinaus gefördert werden kann. Die beiden Übertreibungsweisen für diesen Doppelzweck aber werden gleich mitgeliefert: die *romantisierte* und *gefesselte Kindlichkeit* auf der einen Seite und die *Kindheit als didaktische Veranstaltung* auf der anderen.

Wiederherstellung der Dialektik

Die Beispiele sollten zeigen, daß man das Material Katharina Rutschkys auf zwei Ebenen zurechtrücken muß. Man muß einmal die Dokumente in ihren Sinn, in die Absicht ihrer Autoren und in den historischen Kontext wieder einfügen, wenn man sie diskutierbar machen will. Und man muß zum anderen die darin angeschnittenen Probleme der Erziehung entzerren, prüfen, erörtern. Auf diese Weise ist die doppelt unterdrückte Dialektik wiederherzustellen: die Dialektik, die – wenn auch meist wenig entfaltet – in den Aufklärungstexten schon liegt. Und die Dialektik des jeweiligen pädagogischen Problems, das dort angesprochen ist.

Dialektik, das heißt hier im Sinne Schleiermachers: daß Probleme praktischen Handelns und Umgangs mit Menschen im allgemeinen nicht einfach nach Prinzipien oder empirisch gewonnenen Regeln gelöst werden können, sondern daß darin Prinzipien oder Hypothesen einander oft antithetisch gegenüberstehen und man sich beide Seiten klarmachen muß, um zu einer Handlungsentscheidung zu kommen. Führen und Wachsenlassen, Schützen und Exponieren, Verwöhnen und Abhärten, systematisches Lernen und situative Erfahrung und ähnliche Polaritäten stehen sich nicht als einander ausschließende Prinzipien gegenüber, sondern müssen zur gegenseitigen Korrektur mit bedacht und als Anforderungen gegeneinander abgewogen werden. In diesem Sinne kann Pädagogik keine Handlungsvorschriften in der Art von Rezepten, sondern nur eine Erörterung der Alternativen und eben der zu berücksichtigenden Prinzipien geben, innerhalb derer dann, der einzelnen Situation gemäß, zu entscheiden und zu handeln ist.

Will man also die Aussagen der Rutschky-Texte pädagogisch diskutieren, so muß man *erstens* prüfen, ob ihnen Gegentexte entsprechen, das heißt: ob diese Aussagen in einer solchen abwägenden Polarität gemacht sind oder tatsächlich einen schwarz-weiß-malenden Rezeptcharakter haben. *Zweitens* ob die behandelten Gegenstände ein legitimes Erziehungsproblem mit seinen Antinomien enthalten oder ob sie, wie es bei den Rutschky-Texten oft aussieht, einer müßigen oder gar böswilligen Erfindung pädagogischer Schriftsteller entspringen.

Da gibt es zum Beispiel Texte über Selbstbeschränkung und Askese, über die Güter, die wir besitzen und über die Frage, ob man mit den Kindern eine Haltung einüben solle, die sie instand setzt, auf solche Güter auch verzichten zu können. Die Philanthropisten argumentieren, daß der Reichtum vergänglich sei und deshalb jeder darauf vorbereitet sein müsse, auch ohne ihn zu leben.

Rutschky ironisiert ein solches »Katastrophentraining«: »Eine Erziehung, die für eine unbekannte, aber drohende Zukunft trainieren will, ist willkürlich und asketisch. Die Versagungen, die sie auferlegt, verschärfen die Zukunftsangst, die sie durch das Training überflüssig machen will« (S. 248). Das mag das Hauptargument der Philanthropen treffen. Aber trifft es die Sache, die hier vertreten wird? Ist das Nachdenken über Eigentum und Wohlstand überflüssig; ist die Frage müßig, ob man Kinder so erziehen kann, daß sie sich davon nicht abhängig fühlen? Allerdings steht dabei schnell die Glaubwürdigkeit des Erziehers auf dem Spiel. Das eigene Leben im Komfort und der Wunsch, die Kinder davon unabhängig zu halten – das läßt sich nicht unter ein Dach bringen. Die Art und Weise, mit der wohlhabende Zeitgenossen ihre Kinder kurzhalten und ihnen gewissermaßen stellvertretend eine Askese aufnötigen wollen, zu der sie selber nicht bereit sind, ist dubios. Aber der Einblick in die Unwahrhaftigkeit vieler Lösungsversuche genügt nicht, um das Problem zu beseitigen: nämlich die anthropologische, moralische und heute auch die politische Problematik, die das bürgerliche »Haben« und das konsumgesellschaftliche Bedürfniserzeugen mit sich bringen und die uns im Hinblick auf unsere Kinder, auf deren künftige Hörigkeit oder Unabhängigkeit, beschäftigen müssen.

Nicht viel anders steht es mit Bewegung, Gesundheit, körperlicher Disziplin, mit der Meidung von Fettleibigkeit und Schleckerei, der Abhärtung gegen Erkältungsanfälligkeit, mit Bewegung und allen Arten von Sport. Die Philanthropen haben den Jugendsport entwickelt, der auf Leibestüchtigkeit, auf Gruppenspiel, auf Bewegung und Vitalitätssteigerung ausgerichtet ist – sie haben damit den Ritter- und Adelssport mit seinen kriegerischen Traditionen überwunden. Mit der Ironie über Askese und Katastrophentraining wird die historische wie die pädagogische Bedeutung von alldem einfach zugedeckt.

Ein anderes Beispiel noch: Aus Ch. G. Salzmanns Erziehungsbuch »Konrad Kiefer« (1796) zitieren K. Rutschky (S. 392) und A. Miller (S. 39) ausführlich eine Strafaktion, in der ein Schüler vor den Augen seiner versammelten Kameraden die Rute bekommt. Das vorausgehende Gespräch, in dem der historische und soziale Hintergrund deutlich wird, ist dabei jedoch ausgelassen:

> »Das gewöhnliche Strafmittel in der Schule ist, wie Sie wissen, der Stock. Dies ist ein sehr hartes Mittel, dessen sich eigentlich niemand bedienen sollte, als diejenigen, die Hunde oder Pferde erziehen... Ich weiß es gar wohl, daß, solange Kinder in der Eltern Hause geschlagen werden, sie sich auch schwerlich ohne Schläge in der Schule ziehen lassen. Sie sind, wie man zu sagen pflegt, stöckisch geworden... Unterdessen muß doch ein guter Schulmann darnach streben, daß er die Schläge nach und nach aus seiner Schule wegschaffe.« (S. 232.)

Und an anderer Stelle:

»Wie es nun mit der Krätze ist [die eine alte Magd mit einer lebensgefährlichen Salbe weggeätzt hatte], so ist es auch mit den Fehlern der Kinder. Durch Schläge kann man sie schnell vertreiben, aber – sie setzen sich aufs Herz. Die Kinder bekommen eine Abneigung gegen den Zuchtmeister, werden tückisch, lernen lügen, sich verstellen u. dgl. und solche innerlichen Fehler sind in meinen Augen weit größer und gefährlicher, als die äußerlichen. Wenn man bei seinem Kinde einmal die Liebe und das Zutrauen verloren hat – dann ist's schon halb verdorben.« (S. 180.)

Hier grenzt die Auswahl, die in der Anthologie gegeben wurde, schon an Geschichtsfälschung, und Fälschung wird allemal daraus, wenn spätere Abschreiber, ohne Kenntnis und Interesse für den inhaltlichen und für den historischen Zusammenhang, die schwarzen Passagen als repräsentativ für die Pädagogik zitieren (z. B. A. Miller 1980).

Schwärze bleibt

Aber auch wenn man sich müht, den historischen und den pädagogischen Sinn der Texte wiederherzustellen, die Katharina Rutschky ausgelesen hat, bleibt ein »schwarzer« Zug der Erziehung und der sie begleitenden Pädagogik stehen, und zwar in Epochen hinein, die sich seiner in anderer Weise hätten bewußt werden können, als es in der Mehrzahl der Quellen, die uns hier vorliegen, geschehen ist. Die pädagogische Bewegung des 18. und 19. Jahrhunderts, angetreten unter der Devise der Vernunft, hat in einem großen Teile ihrer Erziehungsbücher inmitten vernünftiger und moderner Texte Passagen stehen, die uns erschrecken und die sich der Rutschkyschen Blütenlese, ihren »fleurs du mal« in einer Weise fügen, daß man ihnen keinen pädagogischen Sinn mehr abgewinnen kann. Wo der Effekt, den diese Texte auf uns machen, nicht einfach auf dem historischen Abstand beruht, also auf der den Zeitgenossen immer wieder befriedigenden Feststellung, wie unaufgeklärt, unemanzipiert, wenig gesellschafts- und freiheitsbewußt frühere Zeiten waren – »und wie wir's dann so herrlich weit gebracht« –, da muß man sich mindestens drei verschiedene Strömungen historischer Bedingtheit vergegenwärtigen, denen die Rutschky-Texte großenteils zuzuordnen sind.

Einmal: Das europäische Erziehungswesen steht in der Tradition einer altorientalischen Spruch- und Weisheitsüberlieferung, eines alttestamentlichen Patriarchalismus und einer römisch-rechtlichen Vatergewalt, die als historische Bürde nicht nur in den Schriften und Praktiken der Aufklärungserziehung noch deutlich nachwirken, sondern bis in die Gegenwart mächtig sind – in der heutigen Frauenbewegung wird das stärker ins Bewußtsein gerufen als in der Erziehungskritik. Das ist zwar gewiß nicht der einzige Traditionsstrom der abendländischen Erziehungsgeschichte – die Berufung auf das schwache Kind in der Krippe und die schon in der Antike und in den humanistischen Strömungen auflebende Wertung des Kindes als eines Wesens besonderer Menschlichkeit hat der patriarchalischen Überlieferung als substanziell wichtiges, wenn auch nicht sehr wirksames Korrektiv gegenübergestanden. Ein Teil der Dokumente zur Schwarzen Pädagogik ist dieser fortwirkenden Tradition der voraufklärerischen Erziehungswelt und ihrer Korrektionsmethoden zuzurechnen: »Wer die Rute spart, der haßt seinen Sohn« – »Der nicht geschundene Mensch wird nicht erzogen« – »Willst du nicht Vater und Mutter gehorchen, so gehorche dem Henker«.

Ein weiterer Teil der Dokumente K. Rutschkys läßt sich in den Zusammenhang einordnen, der oben mit Hilfe von Norbert Elias' »Zivilisationsprozeß« skizziert wurde: die Verlagerung der verhaltensbestimmenden Kräfte aus der Öffentlichkeit in die Familie und in das Individuum. Hierher gehörten die Betragenslenkung, dic Sorge der Familie um das gesellschaftliche Wohlverhalten, die Erziehung des Gewissens. Die unmittelbaren Vorläufer dieser bürgerlichen Erziehung lagen einerseits in der pietistischen Erziehungslehre und Gewissenserforschungspraxis, andererseits in den Betragens- und Verhaltenslehren für das höfische Leben, die der bürgerlichen Erziehungslehre als Muster dienten; sie könnten zum historischen Verständnis dieser Gruppe von Rutschky-Dokumenten beitragen.

Als eine dritte Gruppe lassen sich solche Texte bezeichnen, die unmittelbar aus dem Geist der Aufklärung stammen, also auf Verdrängung des Irrationalen und Beängstigenden und auf rationale Ordnung der Welt und des Lebens aus sind. Die »pädagogische Synthetisierung des Menschen«, Basedows Didaktik an der Mutterbrust und überhaupt die »Zerstörung der Welt durch Unterricht«, wie sie bis in die Gegenwart fortentwickelt wird, gehören hierher. Die Austreibung der Irrationalität des Kindes und die Strangulierung humaner Lebens- und Ausdrucksformen in der rechtwinklig geordneten Welt – sie sind die großen Themen der Pädagogik, seit Rousseau und Kant, welche die innere Spannung dieser Schritte in die Rationalität, die »Dialektik der Aufklärung« zuerst formuliert haben. In dieser Spannung steht bis heute auch die Pädagogik – das führen ihr die schwarzen Dokumente noch einmal eindrücklich vor Augen.

So ist denn eigentlich das noch zu leisten, was Katharina Rutschky mit ihrer Sammlung im Sinn hatte und was sie in dem einleitenden Essay so spannend exponiert: die Wiederherstellung der Dialektik gegenüber einer gewissermaßen einäugigen Nutzung der Tradition. Die großen, gedankenreichen, wirksamen Pädagogen der behandelten Epoche kommen in der Textsammlung zur Schwarzen Pädagogik entweder gar nicht oder nur mit ganz entlegenen Äußerungen zu Wort: *Pestalozzi, A.H. Niemeyer, Jean Paul, F.H.C. Schwarz, Fröbel, Schleiermacher, Herbart, Diesterweg.* Warum die Ideen von freiheitlicher, vernünftiger und liebevoller Erziehung, wiewohl von diesen Klassikern gedankenreich entwickelt, nicht eigentlich stilbildend wurden, warum sie vom Geist der Karlsbader Beschlüsse, der Stiehlschen Regulative, der Kadetten- und Korps-Erziehung, des Industrialismus und schließlich des blinden Führer-Gehorsams übermannt wurden, warum auch der reformpädagogische Aufbruch des frühen 20. Jahrhunderts sich nicht durchzusetzen vermochte – das scheinen mir die großen historischen Fragen zu sein, die der weiteren Klärung bedürfen. Die Auseinandersetzung mit den Texten der Schwarzen Pädagogik kann dafür einen neuen Anstoß geben.

3 »Schafft die Erziehung ab!« – Diskussion mit den Anti-Pädagogen

> Es ist sehr seltsam, daß man, seit man sich mit der Erziehung der Kinder beschäftigt hat, auf keine anderen Mittel, sie zu leiten, verfallen ist als auf Wetteifer, Eifersucht, Neid, Eitelkeit, Habgier, Feigheit, also gerade die gefährlichsten Leidenschaften, die am schnellsten emporschießen und am geeignetsten sind, die Seele zu verderben.
>
> *J. J. Rousseau*

Die Schwierigkeit der Auseinandersetzung mit den heutigen antipädagogischen Argumenten und Theorien liegt darin, daß sie weder als ein markanter Praxisbericht (wie Alexander Neills *Summerhill*) noch als eine interessante theoretische Aussage (wie Siegfried Bernfelds *Sisyphos oder die Grenzen der Erziehung*), noch auch als ein bedeutendes gesellschaftspolitisches Manifest (wie *Ellen Keys Jahrhundert des Kindes* oder Ivan Illichs *Entschulung der Gesellschaft*) artikuliert worden sind. Wer sich mit der gegenwärtigen Antipädagogik auseinandersetzen will, der kommt an Büchern und Schriften nicht vorbei, die mit ihrer Simplifizierung der pädagogischen Probleme und mit ihrer wüsten Beschimpfung aller Lehrer und Erzieher die antipädagogische Bewegung mehr diskreditieren als fördern. Gegen leidenschaftlich engagierte Publizistik und auch gegen die Überspitzung der Thesen, denen man Aufmerksamkeit verschaffen möchte, ist an sich nichts einzuwenden. Wer aber durch den Diskussionsstil alle jene Grundsätze humanen Umgangs verleugnet, die er gerade fordert und für die Kinder erstreiten möchte (Braunmühl 1975), zeigt damit, daß es ihm nicht allzu sehr um die Sache geht, um eine ernsthafte, argumentierende Diskussion, sondern mehr wohl um einen publizistischen Effekt.

Die Sache ist aber zu wichtig, als daß man die Diskussion nur deshalb verweigern dürfte, weil jemand mit gellender Tonart und unseriösen Argumenten darin zu dominieren sucht. Wir müssen also, um der Sache willen, diese Schriften pädagogisch ernster nehmen, als sie genommen sein möchten. Wir müssen uns vor allem mit der kollektiven Stimmung auseinandersetzen, die sich in diesen Schriften ausdrückt und ihnen Resonanz verschafft.

Man kann die antipädagogische Publizistik ansehen als die zweite Welle einer Bewegung, deren erste die »antiautoritäre Erziehung«

gewesen ist. Sie selber versteht sich nicht so. Sie polemisiert gegen die Antiautoritären deshalb, weil diese noch an Erziehung glaubten, ja mit Hilfe von Erziehung eine neue Generation heraufführen wollten. Alexander Neill hat mit Stolz berichtet, wie seine Summerhill-Schüler, auch solche, die sich jahrelang dem Schulunterricht verweigert haben, nicht nur zu Persönlichkeiten herangereift sind, sondern es zu beachtlichen Berufsleistungen gebracht haben. Hier ist der Grundgedanke von Rousseaus »Emile« noch einmal lebendig geworden: daß man einem Kind mit Hilfe der Erziehung, aber abseits von der Gesellschaft so viel Natürlichkeit und so viel Kraftentwicklung ermöglichen könne, daß es sich später auch in der Gesellschaft als ein kräftiges Selbst zu behaupten vermag.

Die Antipädagogen sehen auch darin noch eine Form von Manipulation. Sie werfen auch diesen Anspruch gesellschaftsferner oder gesellschaftskritischer Persönlichkeitsbildung über Bord. Offensichtlich berührt von Erlebnissen des Scheiterns mit der antiautoritären Erziehung, richten sie ihre Attacken, ihre oft maßlose Polemik gegen den Erziehungsanspruch als solchen: Erziehung *aller Art* ist nichts als Verkrüppelung und Mißhandlung, Ausübung narzißtischer Machtgelüste, Prostitution, Betrug und so fort. Erziehung verformt und verzerrt die Kindes- und Menschennatur. Und hier wird noch einmal der Traum der Romantiker geträumt: daß eine ursprüngliche ›Natur‹ wiedergefunden und erhalten werden kann, *jenseits* und *vor* aller gesellschaftlichen Zähmung und persönlichen Beeinflussung; eine Natur, der man nur *Raum geben* und die man *freundlich annehmen* müsse, um sie nach ihrem eigenen Entwicklungsgesetz heranwachsen und lebenskräftig werden zu lassen.

Damit gehen die Antipädagogen nicht nur über die antiautoritäre Erziehung, sondern auch über Rousseau weit hinaus. Rousseau hatte sich immerhin Gedanken darüber gemacht, daß es innerhalb einer verdorbenen Welt und Gesellschaft ganz besonders sorgfältiger Vorrichtungen bedürfe, um dem Kind seine Natur zu erhalten. Er hat das Lernen auf eine Weise konstruiert, daß es so wenig wie immer möglich als gesellschaftliche Ausprägung und Beeinflussung wirken könne. Das Problem, daß die Gegenstände des Lernens unausweichlich unsere Kultur und damit auch unsere Gesellschaft *schon enthalten,* hat Rousseau gesehen. Er hat sich deshalb eine Fülle von romanhaft ausgestalteten Lernsituationen einfallen lassen, in denen sein erdachter »Emile« soviel wie möglich *von den Dingen* selber, direkt aus der Natur und *ohne* gesellschaftliche Vermittlung lernen könne; auch das freilich, mit dem er die Natürlichkeit erhalten möchte, gerät ihm mehr oder weniger zu einer absichtsvollen und damit wieder künstlichen Veranstaltung.

Den Antipädagogen ist diese unauflösbare Verschränkung von gesellschaftlicher Bildung und persönlichem Lernen nicht gegenwärtig. Sie versichern, daß die Kinder selbstverständlich etwas lernen sollen, jedoch in einer Form, in der die Lerninhalte ohne jeden Erziehungsanspruch dargeboten werden. Wie es dabei zur *Weltdeutung,* zur *Erfahrung von Sinn,* zur *Einsicht in das Warum des Lernens* kommen soll, bleibt ungeklärt. Da in der Tat unsere Schule in ihrer fachwissenschaftlichen Zerstückelung des Lernens sich schon allzu oft ähnlich antipädagogisch verhält, wird dieses Problem der Verschränkung von Lernen und Erziehung, von Lernen und Sinnerfahrung auch von den Antipädagogen nicht ernst genommen: Lehren und Lernen erscheinen als Angebot und Aufnahme von »Information«. Daß sie mit der Person und der »Bildung« des jungen Menschen zu tun haben, wird ignoriert.

Die Suche nach einer vor- oder außergesellschaftlichen »Natur« des Menschen lebt heute wieder auf, sie drückt eine Sehnsucht des Zivilisationsbürgers aus, ist Ausdruck seiner erlebten Entfremdung. Auch die traditionellen Hinweise auf die »glücklichen Wilden«, die angeblich ohne Erziehung auskommen, fehlen nicht (Stiller 1977, Liedloff 1980, Schoenebeck 1982). Der Mensch im Zeitalter der Betonstädte, der Mikroelektronik, der Ohnmachtsgefühle gegenüber Aufrüstung und Umweltkatastrophen kann nicht umhin, seine Lebens- und Gesellschaftsformen radikal in Frage zu stellen. Auf diesem Grundgefühl wächst sowohl die antipädagogische Literatur wie das Interesse ihrer Leserschaft. Den Zivilisationsprozeß will man dort an der Wurzel packen, wo er sich immer weiter fortsetzt und regeneriert: »Schafft die Erziehung ab!«

Denn soviel scheint den Antipädagogen deutlich: In diesem zivilisatorischen Prozeß und seiner ständigen Zunahme steht der Erzieher allemal auf seiten der gesellschaftlichen Anforderungen, der Ordnung, der Disziplin, der Leistung, und nicht auf seiten des Kindes, seiner Bedürfnisse und Gefühle, seiner Nöte und Ängste. Und daraus entsteht notwendig der »Erziehungskrieg«, in dem die Eltern oder Erzieher mit den Kindern überall liegen: die kleinlichen Auseinandersetzungen, die fortwährenden Forderungen, Regelungen und Lenkungsversuche und der Streit um den Widerstand, den die Kinder dagegensetzen. Je mehr die Kinder organisiert, belehrt und erzogen werden – »erzogen« im Sinne einer Tätigkeit, die nicht mehr eingebettet ist in die alltägliche Gemeinsamkeit des Lebens und Wirtschaftens –, um so mehr entstehen diese Spannungen, um so mehr breitet sich der »Erziehungskrieg« aus. Die Kinder sind nicht so, wie die korrumpierten Erwachsenen sie wollen; die Erwachsenen können, eingefügt in den gesellschaftlichen Prozeß, die Kinder nicht so annehmen, wie sie sind. Und daraus entstehen die endlosen Konflikte, die das Leben in den Familien und Schulen vergiften. Die Antipädagogen schlagen nun vor, daß sich Eltern und Erzieher gewissermaßen mit einem Sprung aus dieser Situation befreien. Sie sollen von heute auf morgen ihr Lenken-Wollen radikal aufgeben, das heißt auf den Erziehungsanspruch vorbehaltlos verzichten. Aus dieser Befreiung, so meinen sie, könnte sich eine neue Solidarität von Kindern und Erwachsenen ergeben, in der die fatale Fortzeugung des zivilisatorischen Zugriffs auf die Kinder unterbrochen und damit der Erziehungskrieg vergessen werden. Einem neuen partnerschaftlichen Verhältnis zwischen den Generationen sollen damit die Tore geöffnet werden.

Diese Partnerschaft wird, damit sie nun ganz und gar der Erziehungssphäre und den bisherigen Vorstellungen von Erziehung enthoben wird, als »Gleichberechtigung« interpretiert und gefordert. Und es werden zwei Modelle entwickelt, in denen die Gleichberechtigungsproblematik veranschaulicht und zugleich von aller Pädagogik ferngehalten werden soll. Diese Modelle sind an anderen Stellen unseres gesellschaftlichen Lebens gewonnen, wo die Gleichberechtigungs-Thematik heute akut ist und erstritten wird, nämlich die Gleichberechtigung zwischen *Arzt und Patient* in der modernen Sozialpsychiatrie; und die Gleichberechtigung als ein *Rechtsverhältnis* in der demokratischen Gesellschaft.

Die Parallele zur Antipsychiatrie

Die Antipädagogik hat ihr Stichwort bekommen durch die Infragestellung des bisherigen Umgangs mit psychiatrischen Patienten und die anti-institutionelle Bewegung innerhalb der Psychiatrie. »Von der Anti-Psychiatrie zur Anti-Pädagogik« heißt der Titel eines Aufsatzes von Heinrich Kupffer (1974), der die neue Phase der antipädagogischen Diskussion eingeleitet hat.

Eine neue Haltung in der Psychotherapie und der Psychiatrie, nach dem Voraufgang der anthropologischen Medizin Viktor von Weizsäkkers (1951), gibt in der Tat ein Modell ab, von dem alle Humanwissenschaften lernen können. Der Mensch muß, das ist der zentrale Gedanke, *Subjekt* des Heilungs- oder Konsolidierungsvorgangs bleiben; er darf nicht zum Gegenstand einer über ihn hinweggehenden Behandlung werden. Die Krankheit ist Teil des Selbst, das stets im Ganzen anzuerkennen und zu respektieren ist. Veränderungen können nur als Arbeit des Subjekts an sich selber, als eigene Auseinandersetzung mit dieser Krankheit und als Haltungs- oder Bewußtseinsveränderung vor sich gehen. Der Arzt, der Therapeut, wirkt daran als Gesprächspartner und Helfer mit, aber nicht im Sinne eines eingreifend Tätigen, der eine Behandlung ›durchführt‹ oder ›appliziert‹. Gleichberechtigung – oder besser: Begegnung auf gleicher Ebene – bedeutet hier, daß nicht Macht eines Menschen über einen anderen Menschen ausgeübt und damit eine Veränderung im Sinne des Therapeuten vorgenommen wird. Vielmehr soll in einem Prozeß des Gebens und Nehmens, des Verstehens und Anbietens von Deutungen versucht werden, daß beide zusammen einen besseren Einblick in die Krankheit bekommen und daß dieser Einblick dem Leidenden hilft, auf neue Weise mit seinen Schwierigkeiten fertig zu werden.

Gleichheit oder Symmetrie dieser Beziehung besteht – so muß präzisiert werden – aber nicht in dem Sinne, daß auf beiden Seiten dieses Sozialverhältnisses das Gleiche oder auch völlig Gleichgewichtiges passiert. Der eine ist ja der Hilfesuchende. Der andere ist zwar ebenfalls ein Suchender und Lernender, der von dem Leidenden etwas erfährt, das ihm zur Einsicht, zur Erfahrung und zur Verbesserung seiner Hilfsfähigkeit dienen kann. Insofern ist es ein Verhältnis, in dem beide Partner voneinander lernen können. Dennoch sind die Motive, die Veränderungen, die Bedeutung, die das Geschehen für das eigene Leben hat, auf den beiden Seiten dieser Beziehung verschiedener Natur. Es ist ja meistens auch so, daß der eine die Hilfeleistung des anderen sucht, der andere diese Hilfe professionell erteilt, das heißt: davon seinen Beruf bestreitet. Die Forderung nach »Symmetrie« dieses Verhältnisses, nach Partnerschaft und Gleichberechtigung darf nicht darüber hinwegtäuschen, daß beide Seiten Verschiedenes von dieser Beziehung erwarten und Ungleiches aus dieser Beziehung mitnehmen.

Ist nun schon das therapeutische Verhältnis durch ›Symmetrie‹ nicht hinreichend gekennzeichnet, so trägt auch die Analogie zwischen dem therapeutischen Verhältnis und der pädagogischen Beziehung nur ein Stück weit. Die Arbeit eines Patienten an sich selber, im Gespräch mit dem Therapeuten, mit dem Ziel der Überwindung seiner Schwierigkeiten oder der Verbesserung seiner psychischen Stabilität ist, trotz mancher Parallelen, von anderer Beschaffenheit als die Beziehung zwischen Kindern und Eltern. Kinder stehen nicht an sich schon unter Leidensdruck. Sie »wollen« sich auch nicht »verändern«. Sie wachsen aus einer Abhängigkeit, die zunächst einmal naturgegeben ist (und darum auch nicht inhuman sein kann) zu einer zunehmenden Selbständigkeit heran, wobei sie der Hilfe der Erwachsenen in einer sich verändernden Qualität und in abnehmendem Maße bedürfen. Und die Erwachsenen, die Eltern, sind in anderer Weise als der Arzt in einer Schicksalsgemeinschaft mit dem Kind verbunden. Sie sind auch psychisch von seinem Befinden und seinen Entwicklungsschritten in einer Weise betroffen, die sich auch mit einem hohen Engagement innerhalb therapeutischer Berufe nicht vergleichen läßt.

Kupffer denkt bei seiner Parallelisierung zwar nicht so sehr an Familienerziehung, sondern an Heim- und Internatsverhältnisse, die er offenbar von beiden Seiten her auch erlebt hat. So wenig es mir richtig scheint, den Prototyp der Erziehung in solchen Institutionen zu sehen, ebensowenig ist es sicherlich richtig, wie es in der Pädagogik weithin üblich war, die institutionelle Erziehung nach dem Typus der Familienerziehung zu richten und, dem berühmten Beispiel Pestalozzis aus seinem ›Stanser Brief‹ folgend, den Heimerzieher als den Vater seiner Heimkinder ansehen zu wollen. Zwar kann auch die Heim- und Internatserziehung nicht ohne unzulässige Generalisierungen mit der psychiatrischen Klinik in eins gesetzt werden. Aber anläßlich der Antipsychiatrie lassen sich doch eine Reihe von pädagogischen Fragen an die Institutionen richten. Zum Beispiel die Frage, inwieweit die Institution einen totalen Lebensraum für die Kinder herstellen will und andere Einflüsse als mehr oder weniger störend empfindet. Weiter die Frage, inwiefern der rationalisierte Betrieb des Heims in spezifischer Weise verzerrte Lebensverhältnisse mit sich bringt, die als Lernfeld für das Kind nachteilig oder einseitig sind. Es bildet sich in der Institution oft ein verdinglichter Erziehungsbegriff heraus, in dem Erwachsene und Kinder nicht miteinander und in Wechselwirkung durch die Lebensstadien hindurch reifen und auch voneinander lernen können, sondern die einen in der Rolle der professionell Tätigen, die Kinder in der Rolle der zu Lenkenden und zu Behandelnden festgelegt werden. Diese Konstellation droht sich schon durch den häufigen Wechsel der Kinder festzusetzen. Die Beziehung verfällt, wie auch in Schulen und beruflichen Institutionen, den Gesetzen der Funktion, der Sachzwänge, der Rollenfestlegung, welche den humanen Anspruch, den Erziehung erhebt, immer wieder untergraben. Maud Mannonis Darstellung einer therapeutischen Erziehung unter besonders schweren Bedingungen zeigt, auf welche Weise antipsychiatrische Gedanken in der Arbeit der Heimerziehung fruchtbar gemacht werden können (Mannoni 1979).

Juristische statt pädagogischer Beziehung?

Neben der therapeutischen Beziehung soll die *rechtliche Beziehung* zwischen Erwachsenen und Kindern geklärt und verstärkt werden; sie soll allerdings, nach dem Willen der Antipädagogen, nicht so sehr eine *Analogie* als vielmehr einen *Ersatz* für die pädagogische Beziehung bilden.

Auf drei verschiedene Weisen ist dieser Gedanke entfaltet worden: *erstens* als Vorschlag zur Erweiterung der Rechtsbeziehungen, zur Betrachtung und Wertung des Verhältnisses zwischen Erwachsenen und Kindern als eines Rechtsverhältnisses; *zweitens* in der Form einer Proklamation von Kinder-Rechten; *drittens* in juristischen Vorschlägen zu einer besseren Sicherung der rechtlichen Stellung des Kindes, bis zu konkreten Formulierungen zur Änderung des bestehenden Rechts.

1. Das Verständnis des Generationenverhältnisses als einer mehr rechtlichen als pädagogischen Beziehung hat wohl nur heuristische Bedeutung, das heißt: es kann dem Auffinden neuer Probleme dienen, kann Überlegungen in Gang setzen, wie sie der Vergleich – als eine Methode zum besseren Verständnis der beiden verglichenen Teile – nun einmal bietet.

Politik – an diese Erinnerung H. von Hentigs knüpft Braunmühl an – war in der Antike das gemeinschaftliche Handeln Gleichberechtigter. So kann man sich ein Stück weit auch Familie und Schule als »Polis« vorstellen: als Miteinanderleben von Menschen, die gleiche Ansprüche an das Gemeinsame haben und die als Gleichberechtigte miteinander umgehen. Ein Stück weit trägt diese Analogie; ein Stück weit kann man neues Nachdenken aus ihr beziehen – zum Beispiel über die demokratische Regel, daß in der Polis nicht nur Menschen verschiedener Berufe und Stellungen, sondern auch verschiedener Bildung und Urteilsfähigkeit, verschiedener Einsicht in die Folgen politischer Entscheidungen zunächst einmal gleiche Rechte und gleichen Anspruch auf Mitwirkung haben. Die Rede: »Wer mitentscheiden will, muß die Sache voll beurteilen können«, würde in der Politik sehr schnell zu undemokratischen Verhältnissen führen. Sie dient in der Erziehung allzu leicht als Vorwand, Kinder überhaupt nicht zu beteiligen, über sie einfach zu disponieren. Man muß also, ähnlich wie in der Politik, über die Bereiche möglicher Mitentscheidung der Kinder nachdenken, aber auch über diejenigen Bereiche, in denen die gleichgewichtige Mitsprache zur Illusion, zum Selbstbetrug einer solchen Gemeinschaft wird.

2. Mit einer Proklamation von Kinderrechten, einem »Deutschen Kindermanifest« hat sich die antipädagogische Organisation »Freundschaft mit Kindern« zu Wort gemeldet. Diese Proklamation enthält eine Reihe von Forderungen, die einer neuen Rechtsstellung des Kindes in unserer Gesellschaft dienen:

> Kinder haben nicht weniger Rechte als Erwachsene. Kinder dürfen generell alles tun, was Erwachsene im Rahmen der Gesetze tun dürfen (Art. 1).
>
> Kinder haben das Recht, sich von bisherigen Lebenspartnern zu trennen und neue Lebenspartner zu wählen (Art. 10).
>
> Kinder haben das Recht auf körperliche Unversehrtheit. Es gibt keine Züchtigung (Art. 14).
>
> Kinder haben das Recht, sich einen eigenen Vornamen zu geben (Art. 16), ihr Lernen selber zu bestimmen (Art. 19), ihren Aufenthaltsort zu wählen (Art. 21).

Die Proklamation enthält aber auch Sätze, die der Rechtssicherung des Kindes *diametral entgegenstehen*. Rechtssicherung heißt ja immer beides: *Schutz des persönlichen Anspruchs* gegenüber Beschränkungen und Eingriffen. Zugleich aber auch: *Schutz* vor solchen *Interessenten,* die sich die Schwächen des einzelnen zunutze machen können, um ihm, eventuell mit seiner momentanen Zustimmung, *zu schaden.* Die Proklamation fordert:

> Kinder haben das Recht, für ihr Leben und für ihre Taten die rechtliche Verantwortung zu übernehmen (Art. 3).
>
> ...Sie können Verträge schließen, über Eigentum verfügen, Geschäfte eröffnen ... und in jeder anderen Form rechtsverbindlich tätig sein (Art. 5).
>
> Kinder haben das Recht, jedes Nahrungs- und Genußmittel, das Erwachsenen zugänglich ist, ungehindert aufzunehmen oder zu verweigern (Art. 15).
>
> Kinder haben das Recht, gegen Entgelt zu arbeiten (Art. 9).
>
> Kinder haben das Recht, ihr Sexualleben selbst zu bestimmen und Nachkommen zu zeugen (Art. 18).

Will man damit neuen Formen der Ausnutzung von Kindern Tür und Tor öffnen? Will man, daß Drogen, Alkohol und Pharmaka in die Hände und die Entscheidung von Kindern gelegt werden? Will man den Jugendarbeitsschutz aufheben und damit jede Art von materieller Ausbeutung Jugendlicher ermöglichen, als habe es so etwas wie gesundheits- und entwicklungszerstörende Kinderarbeit nie gegeben? Will man die Entwicklungstatsachen der Pubertät nicht einmal mehr so weit ernstnehmen, daß man das Recht zur Familiengründung (um der Jugend selber willen) für diese Zeit aussetzt? Und schließlich: Ist man nicht bereit und imstande, das Recht auf völlige Eigendisposition zusammenzudenken und abzuwägen mit dem Schaden, der aus kindlich-jugendlichen Entscheidungen für das ganze Weiterleben der Kinder selber erwachsen kann?

Daß es eine Schonzeit, ein »Moratorium« geben muß, eine Periode von Verantwortung entlasteter Entwicklung auch in den frühen Jahren nach Eintritt der Geschlechtsreife, in der nicht Handlungen vorwiegen und Rechtsgeschäfte abgeschlossen werden können, die das ganze spätere Leben festlegen und eventuell ruinieren, – gerade *das* ist doch ein *Grundrecht der Kinder und Jugendlichen,* das geschützt, vielleicht sogar weiter entfaltet werden muß als bisher. Hier in diesem ›Kindermanifest‹ wird ein *individual-rechtlicher,* auf den *momentanen* Lebensaugenblick bezogener Freiheits- und Rechtsbegriff verabsolutiert und weder ausgewogen gegen den Rechtsschutz, den der Lebenslauf des Kindes im ganzen verdient, noch in den Zusammenhang von gesamtgesellschaftlichen Folgen gestellt. Auch wenn man davon absehen könnte, daß es heute unerhört starke kommerzielle Mächte gibt, die auf die Schwächen des Kindes zielen, um ihm die Freiheit eigener Entscheidung zu rauben und es zu einem willigen Konsumenten zu machen, auch dann noch sind diese Formulierungen absurd. Man soll die Gegenwart nicht der Zukunft opfern, sagte schon Rousseau; aber darf man, um maßlos erweiterter Gegenwartsrechte willen, Kinder ihre Zukunftschancen zerstören lassen?

3. Ein anderes Gewicht als solche ins Absurde vorstoßende Proklamationen haben die Versuche des Bielefelder Richters *Helmut Ostermeyer* (1976), die Texte des Grundgesetzes und des Bürgerlichen Gesetzbuches durchzuarbeiten und mit neuen Formulierungsvorschlägen darauf hinzuweisen, daß in der Tat in unseren Gesetzeswerken *die Rechte des Kindes nicht in gleicher Weise gesichert sind wie die des Erwachsenen.* Daß niemand seines Lebensalters wegen benachteiligt werden darf, scheint eine nicht unwichtige Ergänzung zum Artikel 3 des Grundgesetzes (GG). »Die Eltern haben die Grundrechte des Kindes zu achten, sie dürfen es nicht züchtigen«, wäre eine *epochemachende* Änderung des Artikels 6 GG, der auch die beschämenden Gerichtsurteile unmöglich machen würde, welche es auf diesem Gebiet bis in die Gegenwart herein gegeben hat. Ein weiterer Vorschlag: »Die Trennung (des Kindes von seinen Eltern) ist nur zulässig, wenn sich die Lage des Kindes verbessert«, wäre ebenfalls eine wichtige, die öffentliche Jugendhilfe ebenso wie die Rechtsprechung zu nachhaltigen Änderungen zwingende Ergänzung desselben Grundgesetzartikels (Art. 6 GG). Die Vorschläge zur Veränderung des Bürgerlichen Gesetzbuchs sind hier im einzelnen nicht zu diskutieren und haben auch andere als nur pädagogische Aspekte, die geprüft werden müßten. Im ganzen müssen diese Bemühungen um eine Steigerung der Kindesrechte abgewogen werden mit den Rechten, die die Ausbildung und die längerfristigen Chancen des Kindes betreffen, also mit solchen Kindesrechten, wie sie etwa Ekkehart Stein (1967) herausgearbeitet hat.

So sehr nun an der Rechtslage der Kinder noch zu arbeiten und um Verbesserung zu ringen ist, so ist doch der Versuch der heutigen Antipädagogen, die besondere Situation des Kindes, seine Abhängigkeit und seinen Persönlichkeitsanspruch als ein *Rechtsverhältnis* zu deuten (um von dem lästigen *Erziehungsverhältnis* herunterzukommen), gänzlich verfehlt. Er beruht auf einer falschen Vorstellung davon, was das Recht seinem Wesen nach leisten kann und soll. Das besondere Hilfs- und Verantwortungsverhältnis, das zwischen der älteren und der jüngeren Generation besteht und sich in täglichen Handlungen der Pflege, der Hilfe und der persönlichen Lebensgemeinsamkeit ausdrückt, läßt sich zwar in einen juristischen Rahmen einfügen, hat aber seinem Wesen nach eine andere als rechtliche Natur. Es geht heute oft eher darum, rechtliche Begriffe, die in das Erziehungsverhältnis eindringen (zum Beispiel den problematischen Begriff »Erziehungsberechtigter«) abzuwehren und gegenüber der *Berechtigung* der Eltern und Erzieher ihre *Verantwortung* zu betonen (vgl. Oelkers 1981, S. 283). Braunmühl formuliert:

»Kinder müssen, entsprechend ihrer zunächst eingeschränkten Handlungsmöglichkeiten, *bevorrechtigt* werden. Mit der Rolle des Säuglings als *König* [ein feudales Herrschaftsverhältnis anstelle der kindlichen Abhängigkeit], des Kindes als *Richter* [mit Urteilsgewalt über Pflege- und Nahrungsangebote] ist dieser Forderung Rechnung getragen. Je mehr Bedürfnisse und Wünsche Kinder im Zuge ihrer Entwicklung und ihres Lebens sich selbst erfüllen können, desto mehr Vorrechte der Kinder erlöschen.« (1978, S. 104; Hervorhebungen und Klammerzusätze von A. F.)

Mit den Bildern »König« und »Richter« ist in einer Beschreibung von Rechtsverhältnissen aber nichts mehr anzufangen, sondern eher eine Märchensprache gewählt. Sie müssen herhalten, zu umschreiben, was eben über ein Rechtsverhältnis weit hinausgeht: daß den besonderen Ansprüchen und der Liebes- und Hilfsbedürftigkeit des Kindes nur *durch die besondere Zuwendung der Pflege, der Einbeziehung in das eigene Leben der Eltern und der stetigen Hilfe bei der Deutung und Ordnung der Welt* entsprochen werden kann (vgl. dazu Winkler 1982, S. 140f., S. 174f.).

Subjektivität ohne Kommunikation?

Der Hauptpunkt, an dem die Antipädagogik Braunmühlscher Fasson nicht nur in sich unstimmig, sondern als Erziehungslehre irreführend ist, ist ihr Konzept der Subjektivität. Ich möchte dabei keinesfalls der anthropologischen Aussage widersprechen, daß die eigene Personalität des Menschen ein ursprüngliches und unbedingtes Merkmal menschlicher Existenz bilde, einen Anspruch jedes Menschen, der zwar im Laufe der Kindesentwicklung erst ausgefüllt werden muß, der ihm aber prinzipiell auch schon in frühster Kindheit zusteht. Diese Auffassung kann sich auch auf eine pädagogische Tradition stützen, die besonders in Martinus J. Langevelds »Studien zur Anthropologie des Kindes« (^{2}1964) ausgearbeitet worden ist. Wird aber aus dieser anthropologischen Aussage über das Kind gefolgert, daß es zu jedem Zeitpunkt seines Lebens über die *reale Selbstbestimmungs-Fähigkeit* verfüge, so entstehen sehr schnell unhaltbare Aussagen. Das soll noch etwas ausführlicher gezeigt werden.

Braunmühl unterstellt, daß ein Kind von vornherein nicht nur mit Subjektivität ausgestattet ist, sondern daß diese der Leitfaden, ja die einzig dominierende Kraft des ganzen Entwicklungsprozesses sein muß. Die Beobachtung, daß Kinder von Anfang an »Charaktere« sind, das heißt ihre unverwechselbare Art der Auseinandersetzung mit ihrer Umgebung haben, wird bei Braunmühl zu einer Persönlichkeitslehre gesteigert, welche die soziale Seite der Ich-Entwicklung, den notwendigen Austausch der Persönlichkeit mit ihrer sozialen Umwelt, nicht mehr sieht. Oder doch nur so, daß diese Umwelt dem Kind zu Diensten sein und seine Subjektivitätsäußerungen widerspiegeln soll, seiner Selbstentwicklung zuschauen und sie ohne jede Stellungnahme, die das Kind beeinflussen könnte, lassen soll. Das Kind als Herrscher und »König«, und zwar aus absolutistischer Zeit, gewissermaßen ohne Parlament und Verfassung. Nur das Kind selbst soll wissen, was es braucht. Nur das Kind selbst kann alle seine Entwicklungsschritte bestimmen, auch wenn diese Schritte solcher Art sind, daß sie durch die soziale Welt erst ermöglicht werden. Nur das Kind soll über seinen Rhythmus und seinen Tagesablauf entscheiden.

»Alle Gefühle Ihres Kindes, alle Wünsche Ihres Kindes, alle Entscheidungen Ihres Kindes sind zunächst einmal vom Innen des Kindes her begründet, gerechtfertigt und verdienen Ihren Respekt. Die Seele Ihres Kindes, seine Gefühls- und Willenskundgebungen, seine Motive sind für Sie tabu, d. h. Sie haben sie nicht zu bewerten, nicht zu beurteilen, nicht zu loben oder zu tadeln.« (1978, S. 145.)

Lebens- und Willensäußerungen des Kindes sollen für seine Umgebung »tabu«, unberührbar sein. Sie sollen nicht ihrerseits Äußerungen hervorrufen und einen Dialog zustande bringen. Eine Auseinandersetzung mit ihrem Versuchscharakter, ein Kundtun der eigenen Stellungnahme und der Bereitschaft der Erwachsenen, mit diesem Kind und seinem Orientierungsbedürfnis in Austausch zu treten, soll verboten sein. Dem Erwachsenen soll gewissermaßen die vitale Seite seiner Beschäftigung mit dem Kind abgeschnitten werden.

Der nahe persönliche Umgang und die Gleichberechtigung von Kindern und Erwachsenen werden damit gefordert, aber zugleich aufgehoben. So sehr man mit dem Grundsatz übereinstimmen kann, daß jede Lebensäußerung des Kindes ernstzunehmen ist, daß sie nicht verdrängt oder unterdrückt werden soll, so wenig kann man darüber hinwegsehen, daß eine sinnvolle Parität, das heißt eine wirkliche Beziehung zwischen Erwachsenen und Kindern nur dort entsteht, wo jeder das Seine, das heißt seine Persönlichkeit, seine Gefühle, aber auch seine Überzeugungen, seinen Lebensentwurf in diese Beziehung einbringen darf. Zum Selbstentwurf des Erwachsenen gehören ebenso wie die Bereitschaft, auf die Lebenswelt des Kindes einzugehen und dafür Verständnis und sympathisierendes Interesse aufzubauen, auch die Bewertung und Stellungnahme hinzu. Die menschliche Qualität dieser Beziehung hängt geradezu von seiner Fähigkeit ab, sein eigenes Interesse für die kindlichen Äußerungen mit denen des Kindes zu verbinden, das Kind in Austausch und Stellungnahme ernstzunehmen und auch die eigene Meinung und Wertung wissen zu lassen. Eine Austauschbeziehung kann aber nicht entstehen, wenn der Erwachsene seine Lebensäußerung keimfrei halten muß, aus Angst, das Kind könne sich daran infizieren. Was Braunmühl vorschlägt, ist ein steriles Subordinationsverhältnis, in dem der Erwachsene nur den Lernmöglichkeiten des Kindes aufhelfen, allenfalls – wie es an anderen Stellen heißt – seine eigenen narzißtischen Bedürfnisse dem Kind gegenüber behaupten soll. Eine wirkliche Kommunikation, ein Austausch *prinzipiell gleichberechtigter, aber in der Lebenslage und in der Persönlichkeitsausbildung sehr verschiedener Menschen* wird, wenn man diesen Forderungen folgt, unmöglich.

Die Pädagogik der Antipädagogik

Mit diesen Überlegungen kommen wir aber schon in die positiven Regionen der Antipädagogik hinein. In der ersten Phase der starken Aggressionen und ungeordneten Polemiken wurde zunächst einmal die Aufmerksamkeit auf die zerstörerischen Erziehungspraktiken und auf die schwarzen Erziehungstraditionen gelenkt. Es wurde die Gemeinsamkeit derer beschworen, die an der Erziehung und an den Erziehungseinrichtungen leiden. Und wer rechnete sich nicht dazu?

Mit der Fortentwicklung der Diskussion und den Nachfragen, wie man denn nun mit Kindern leben und umgehen solle, entstand – selbstverständlich – auch bei den Antipädagogen eine eigene Pädagogik, das heißt ein Nachdenken über die Besonderheit des Umgangs von Erwachsenen und Kindern und über die Anforderungen, die dieser besondere Umgang stellt. Die Schlagworte »Therapeutischer Umgang mit Kindern« oder »Neues Rechtsverhältnis zwischen Erwachsenen und Kindern« bezeichnen, so sahen wir, noch eine recht distanzierte, für den Alltag wenig hilfreiche Beziehung. Näher an der Wirklichkeit und positiver in der Tönung sind die Stichworte »Geschwisterlichkeit« und »Freundschaft mit Kindern«. Sie wollen den neuen Stil der Begegnung kennzeichnen, das Miteinander von Erwachsenen und Kindern, bei dem der erzieherische Anspruch ganz und gar fallengelassen werden soll.

Hubertus von Schoenebeck hat das am weitesten ausgearbeitete Konzept dieses neuen Umgangs mit Kindern vorgelegt. Auch er will das Wort »Erziehung« ganz verbannt wissen. Er will *»Unterstützen statt erziehen«* – so heißt auch der Titel seines Buchs *(1982)*. »Unterstützen« wird allerdings in der pädagogischen Literatur schon seit Schleiermacher als der Hauptinhalt der Erziehung angesehen. Erziehen *ist* in erster Linie Unterstützen, so daß hier nicht einmal ein neues Wort gefunden und damit der Gegensatz hinreichend scharf bezeichnet ist. Erziehen bedeutet und erfordert aber auch noch anderes als Unterstützen, und hier zeichnet sich die Grenze gegen die bisherigen Erziehungslehren ab.

Schoenebeck will nicht nur den Kindern begegnen, in ihr Land und in ihre Denkweise eintreten und sich vorbehaltlos, das heißt ohne alle

Erwachsenen-Attitüde ihnen zuwenden; das beschreibt er in seinen Erfahrungsberichten, zum Teil in poetischer Sprache. Und auf diese alte und neue Botschaft der vorbehaltlosen Zuwendung zum Kind und der beglückenden Resonanz, die man im Umgang mit Kindern erhält, sollten alle Erzieher hören.

Aber das Unterscheidende dieser Erziehungslehre von denen der Pädagogen ist erst dies, daß Schoenebeck die *Verantwortung* des Erziehers *ablehnt*. Er will, ähnlich wie in der Formulierung der Kinderrechte im »Deutschen Kindermanifest«, Kinder in jeder Hinsicht und in jedem Alter zu Selbstherrschern ihrer Situation machen. Er ruft eine Befreiungsbewegung aus, in der gleichermaßen die Kinder von dem Druck und der Bevormundung durch die Erwachsenen, wie auch die Erwachsenen von ihrer Verantwortung für die Kinder befreit werden sollen. »Verantwortung« ist für Schoenebeck lediglich ein vorgeschützter Grund, Herrschaft über die Kinder auszuüben. Der Erwachsene soll zwar soviel als möglich bei den Kindern sein; er soll Zeit für sie haben. Er kann ihnen auch Dinge »nahebringen«, die er für wichtig hält. Er kann sie auf Folgen ihres Tuns aufmerksam machen, die sie vielleicht nicht von selber bemerken. Aber Verantwortung für sie hat er nicht.

Diese Grundeinstellung wird von Schoenebeck an Hand einer großen Zahl bekannter Konfliktsituationen der Erziehung durchdekliniert. Was bedeuten dieser Verzicht auf Verantwortung, diese Enthaltsamkeit gegenüber aller Einmischung?

Was bedeuten sie, wenn Gefahren drohen, wenn Kinder nicht lernen wollen, wenn sie nicht zum Arzt gehen wollen, wenn sie rauchen und Alkohol trinken, wenn sie streiten, wenn ihre Vorstellungen und Wünsche zusammenstoßen mit denen anderer Menschen? Eine ganze Kasuistik von erzieherischem Verhalten wird hier von Schoenebeck durchgenommen, aber immer wieder mit dem gleichen Ergebnis: Kinder sind für sich selber zuständig, wir müssen sie alles selber entscheiden lassen. Erwachsene können mit ihnen vernünftig sprechen, können ihnen ihre eigene Meinung sagen und ihnen Rat geben. Aber bevormunden und verfügen dürfen sie nicht.

Es ist erstaunlich, mit welcher Konsequenz sich Schoenebeck bis an die Grenzen des Möglichen begibt und wie er, ganz im Gegensatz zu Braunmühl, sein Eintreten für Meinungsfreiheit und Selbstbestimmung auch auf die Auseinandersetzung mit denen überträgt, die gänzlich andere Vorstellungen von Verantwortung und Erziehung haben (S. 105 ff.). Auch seine Gegner will er als selbständig gelten lassen; was aber doch heißt, daß er sich für die Autonomie der durch sie betroffenen Kinder nicht mehr einzusetzen vermag. An solchen Stellen löst sich die Konsequenz dann in einen programmatischen Liberalismus auf. Wenn man der Meinung ist, ein jeder Mensch solle sich selber bestimmen, – kann man dann denjenigen noch liberal entgegenkommen, welche die Selbstbestimmung der Kinder hintertreiben? Die gesellschaftlichen Probleme und Konflikte, die seine Position aufwirft, sind aber von Schoenebeck nirgends mit bedacht. Sein extrem individualistischer Liberalismus läßt sich in keiner denkbaren Gesellschaft durchhalten.

Daß die Schulpflicht von dieser Position aus nur noch »als wohlwollende Maske einer diktatorischen und chauvinistischen Grundeinstellung jungen Menschen gegenüber« bezeichnet wird, erscheint folgerichtig. Daß aber eine Gesellschaft deswegen demokratischer würde, wenn sie die Schulpflicht abschaffte (S. 140), kann man nur meinen, wenn man an Kinder in vorzüglichen Lebensbedingungen denkt und nicht an die Kinder, die ohne Schulpflicht ganz und gar von jedem Lernen und damit jeder Entwicklung ihrer eigenen Freiheit abgeschnitten würden. Nicht umsonst ist die Schulpflicht im Namen des Liberalismus und der Demokratie vorangetrieben worden. Wer den Lernzwang in unseren Schulen »zum Abscheulichsten« rechnet, »was wir unseren Kindern heute antun«, der müßte wohl für *Veränderung* in den Schulen sorgen, nicht aber für die Abschaffung oder die Freistellung des Schulbesuchs, Maßnahmen also, die allenfalls Kindern in privilegierten Lebensumständen zugute kommen können. Verbindet man dies mit der Proklamation des Rechts der Kinder auf bezahlte Arbeit, so kann man sich ausmalen, zu welcher Art von Freiheitsgebrauch in unserer Gesellschaft und gerade in den sozial schwächsten Familien diese »Befreiung« führen müßte. Jede denkbare Kritik an dem, was Schulen auch heute noch Kindern antun, darf nicht blind machen dafür, was diese Gesellschaft den Kindern antun würde, wenn sie keine Schule besuchten.

Die Antipädagogik gerät also, ob sie will oder nicht, in Wertungsfragen und in gesellschaftlich-institutionelle Probleme hinein, in denen ihr Extremindividualismus und ihre Ablehnung sozialer Verantwortung zu unproduktiven Gedankenspielen werden. Wichtig bleibt ihre Kritik an den Fehlhaltungen, an schlimmen Attitüden und Rechtfertigungsfiguren der Erzieher. Wichtig bleibt auch ihr Wunsch, auf Kinder zuzugehen, auf sie zu hören, sie wahrzunehmen, sich von ihnen in Frage stellen zu lassen und Formen eines liebevollen Umgangs zu suchen, der das Selbstsein und die Emotionalität der Kinder anerkennt. Damit verweist sie auf Probleme, die heute von der Tiefenpsychologie mehr bearbeitet werden als von der Pädagogik. Wenden wir uns ihnen und ihrer wichtigsten antipädagogischen Autorin zu.

4 Alice Miller und das narzißtische Ich

> Warum sind Schreck und Triumph, Lust und Angst für dieses Kind so innig miteinander verbunden, daß keine Macht der Welt, kein chemisches Labor und gewiß auch keine Seelenanalyse sie je wieder voneinander trennen werden?
>
> *Christa Wolf*

Die antipädagogische Bewegung hat einen unerwarteten Zuzug bekommen durch die schweizerische Psychoanalytikerin Alice Miller. In drei kurz aufeinander folgenden Büchern (1979; 1980; 1981), die ihren großen publizistischen Erfolg gewiß nicht nur den schriftstellerischen Fähigkeiten und dem suggestiven Stil der Verfasserin verdanken, sondern auch der gegenwärtig antipädagogischen Stimmung der deutschsprachigen Leserschaft, hat sie mißlungene Beziehungen zwischen Eltern und Kindern und ihre Nachwirkung in der Lebensgeschichte von Erwachsenen auf herausfordernde Weise dargestellt.

Diese Beziehungen von Eltern und Kindern sind freilich von ihr nicht direkt beobachtet, nicht *erfahren* im Sinne einer breiten Erziehungspraxis oder erziehungsbegleitender Beratung. Sondern sie sind *rekonstruiert* aus den Äußerungen ihrer Patienten. Es sind die Erinnerungen, die Gefühle, die Kränkungen aus der Kindheit, die in der Analysestunde der Erwachsenen zum Vorschein kommen, aus denen Alice Miller ihr Bild von den pathologischen Eltern-Kind-Beziehungen gewonnen hat und aus denen sie auch ihre Aussagen über die Erziehung und über deren Mißbrauch ableitet.

Am Anfang war Mißhandlung

Mit ihrer zentralen These, daß Kinder in der Regel von ihren Eltern verführt oder mißhandelt und an der Entwicklung ihres wahren Selbst gehindert werden, greift Alice Miller auf Freuds Frühschrift »Zur Ätiologie der Hysterie« (1896) zurück. Freud hatte bei seinen hysterischen Patienten im Laufe der Analyse regelmäßig eine Verführung oder einen sexuellen Mißbrauch im Kindesalter durch Erwachsene oder durch ältere Geschwister zutage gefördert. Er hatte diese Erzählungen seiner Patienten zunächst für wirkliche biographische Ereignisse genommen. Später kamen ihm Zweifel, und er hielt die entsprechenden Geschichten der Patienten für Erfindungen, für Einkleidungen ihrer Sexualphantasien oder sogar für eine Anpassung an die Erwartung des Therapeuten, nämlich an seine, Freuds Vermutung, daß es eine solche Verführungsgeschichte gäbe. Er nahm also diese Erzählungen später als Produkte der Phantasie oder der Wirklichkeitsabwehr seiner Patienten, und er entwickelte die Lehre von den kindlichen Triebwünschen, von Identifikationen und Eifersucht, die sich dann zum »Ödipus-Komplex« verdichtet hat.

Sigmund Freud hat damit, so sagt Alice Miller, den Weg revolutionärer Entdeckungen und folgerichtiger Fortsetzung seiner ersten Erkenntnisse verlassen und hat der psychoanalytischen Theorie damit eine Form gegeben, in der sie der bürgerlichen Vorstellungswelt seines Publikums besser entsprach. In der Lehre von der »infantilen Sexualität«, von den Phantasien, Wünschen und Forschungen kleiner Kinder hat er seine große Entdeckung von den traumatischen Sexualerlebnissen der frühen Kindheit wieder preisgegeben oder, nach Alice Miller, »verraten«. Denn in dieser Form konnte die Theorie selber zur Abwehr, zum Bagatellisieren der frühkindlichen Erlebnisse beitragen und zugleich die herrschende Vorstellung von der »Sündigkeit« des Kindes festigen, die Vorstellung von der Notwendigkeit, das Kind in Schach zu halten und in Ordnung zu bringen, eben: es zu erziehen. Freud erscheint hier als Opfer seines Zeitalters, als ein Forscher, der vor seiner eigenen bestürzenden Entdeckung zurückschreckt, weil er ihr nicht gewachsen ist oder weil er sie in seiner Umwelt nicht durchsetzen kann. Diese ursprüngliche Entdeckung aber hatte ihm offenbart, daß Kinder durch ihre Eltern oder andere Personen ihrer Umgebung wirklich mißhandelt, verführt und sexualisiert werden und daß daraus ein Mißhandlungstrauma erwachsen kann, das ihr ganzes späteres Leben vergiftet.

In einer ihrer geistvollen Re-Interpretationen nimmt Alice Miller die Ödipus-Geschichte des klassischen Altertums für ihre eigenen Gedankengänge in Anspruch (1981, S. 185ff.). Sie sucht diese Geschichte, die in der Psychoanalyse als Modell der Verdeutlichung einer Ur-Situation des Kindes und seiner Eltern dient, gegen Freuds Gebrauch auf ihren absurden Schuldbegriff hin zu befragen. Besagt diese Geschichte nicht geradezu: daß hier ein Kind mißhandelt, verstümmelt, von den Eltern ausgesetzt worden ist, dann später vom Vater provoziert und zum Zweikampf gefordert, sodann von der Mutter in ihr Bett gezogen wurde. Und daß auf diese Weise ein unschuldiger, irregeleiteter Mensch, der von der lauernden Gefahr nichts wissen konnte, ja all das nicht wissen *durfte,* was seine Untat hätte verhindern können, nun als der Schuldverstrickte dasteht, der den Götterzorn auf sich und seine Nachkommen geladen hat; und der sich selber das Augenlicht nimmt, sich blendet, um die Götter zu versöhnen, um ein Nicht-Sehender zu werden, wie er vorher ein Nicht-Wissender gewesen war. Weit über Freuds symbolische Nutzung hinaus, so sagt Alice Miller, läßt sich diese antike Sage geradezu als eine Schlüsselgeschichte dafür ansehen, wie Schuld und Angst und Barbarei der Eltern auf das Kind abgeladen werden.

Aber aus dem Mythos läßt sich natürlich kein Beweis für die Wirklichkeit herleiten, weder für die Notwendigkeit eines »Ödipus-Komplexes«, noch für Alice Millers Verführungs- und Mißhandlungstheorie. Diese »Mißhandlung« ist bei ihr einmal, in der Auseinandersetzung mit Freud, ein *traumatisches sexuelles Ereignis.* Sie ist ein andermal, besonders in ihrem Buch »Am Anfang war Erziehung«, *körperliche Züchtigung* und gewaltsame Einschränkung des Kindes. In dem Buch «Das Drama des begabten Kindes« ist sie vor allem die *narzißtische Kränkung, die Geringschätzung,* das Fühlen-lassen der Erwachsenenmacht. Sexueller Mißbrauch, Prügelgewalt oder narzißtische Kränkung sind aber sehr verschiedene Dinge und bedürfen eventuell ganz verschiedener Verarbeitungsformen – das wird hier übergangen. Für Alice Miller sind das alles nur Facetten einer und derselben Mißhandlung. Die Erwachsenen tun den Kindern Furchtbares an. Und sie tun es aus Rache, weil ihnen selber in der Kindheit Schlimmes angetan worden ist, das in ihrem Unbewußten fortlebt und dafür sorgt, daß sie sich an ihren Kindern für die Kränkung schadlos halten.

Das ist nun freilich eine Konstruktion, in der die unendliche, auch psychische Vielfalt des Verhältnisses zwischen Erwachsenen und Kindern, auch die Vielfalt der Wünsche, Kinder zu haben, auf ein unerträglich simples Muster zurückgeführt wird. Und man fragt sich, wie einer klugen Autorin, die manche Vorgänge zwischen Erwachsenen und Kindern so differenziert zu beschreiben weiß, entgehen konnte, wie wichtig und fruchtbar die Überwindung seiner anfänglichen Verführungstheorie für Freuds ganzes Werk geworden ist. Und man fragt sich weiter, wie Alice Miller dazu kommt, die Verführung, Mißhandlung und Kränkung der Kinder durch ihre Eltern in ständiger Wiederholung und Variation – nämlich Abwandlung der Mißhandlungsarten, die ihr typisch scheinen – zu behaupten und an die Stelle von all den differenzierten Beschreibungen und Untersuchungen zu setzen, die es über das Eltern-Kind-Verhältnis inner- und außerhalb der Psychoanalyse in reichen Dokumentationen und Erfahrungsberichten gibt. Wie ist es möglich, daß eine Autorin mit wenigen Fallbeschreibungen und mit einigen drastischen Beispielen aus der zeitgeschichtlichen Literatur eine solche These belegen will, daß nämlich die Eltern-Kind-Beziehungen fast immer pathologisch verlaufen und fast immer durch solche Vergewaltigungen und Kränkungen gekennzeichnet sind? Und wie kommt es, daß eine breite Leserschaft diese These aufnimmt, von ihr fasziniert ist und sich offensichtlich darin auch persönlich angesprochen fühlt?

Es wäre gewiß schon hermeneutisch falsch, eine Position damit erklären und beiseite stellen zu wollen, daß man sie in persönlichen Erfahrungen des Autors oder auch in der Besonderheit seiner Patienten zu lokalisieren versucht. Das haben zwar psychoanalytische Interpretationen immer wieder unternommen (z. B. Cremerius 1971). Aber sie haben damit immer nur eine zusätzliche Dimension der Auslegung, nicht eine Universalinterpretation des entsprechenden Werks oder Autors zu geben beansprucht. Wir müssen die Besonderheit und auch die Resonanz der Bücher von Alice Miller deshalb noch etwas weiter zu verstehen suchen, da sie in der Tat wichtige, jeden Leser angehende Probleme des Erlebens von Kindheit und Erwachsenwerden berühren.

Das Kind im Erwachsenen

Ich möchte hier zunächst eine etwas vereinfachende These formulieren, die späterer Differenzierung bedarf: Alice Miller versucht die Spannungen aufzuheben oder als unnötig anzusehen, *die in jedem Leben bewältigt werden müssen,* die Spannungen zwischen der Ursprünglichkeit der kindlichen Erlebenswelt und den Erfahrungen des Erwachsenwerdens. A. Miller setzt voraus, daß diese Spannungen, die sich in jeder menschlichen Lebenserinnerung finden, vermeidbar seien, daß sie eine unnötige Belastung und Verletzung unseres Aufwachsens darstellen. Diese These gehört für sie zunächst zu ihrem therapeutischen Verfahren: Sie sucht in dem erwachsenen Menschen und in seinen Erinnerungen das Kindliche freizulegen, das heißt die Kindeserfahrungen und -gefühle und damit auch die Verletzungen, die dieses Kindliche durchgemacht hat, zutage zu bringen. Und ein Stück dieses Verfahrens vermag sie auch dem Leser ihrer Bücher mitzuteilen. Sie spricht in ihm die Seite der kindlichen Gefühle, der Bedürftigkeit des Kindes und seines Trennungsschmerzes an. Sie führt ihn zurück zu der schmerzlichen Erfahrung, daß er aus der Kindheit heraus in Anforderungen und Ernüchterungen hat eintreten müssen und daß die Eltern diese Anforderungen auf irgendeine Weise repräsentiert haben. Mit ihrer Erziehung haben sie immer wieder auch Forderungen verkörpert und Erinnerungen an unerfüllte Kindheits- und Geborgenheitswünsche, auch an Verletzungen im Leben des Kindes hinterlassen.

Diese in jeder Therapie mobilisierbaren, aber auch wohl in fast jedem erwachsenen Menschen ansprechbaren Empfindungen und Sehnsüchte haben immer wieder im Erziehungsdenken eine Rolle gespielt und haben sich mit einer harmonistisch-naturalistischen Sicht des Menschen verbündet – in klassischer Form bei Rousseau, der die großartige, nicht wieder zu beseitigende Entdeckung gemacht hat, daß das, was das Kind durchlebt und gefühlt hat, »aufgehoben« bleibt und die Grundlage späterer Erfahrungen bildet und daß Momente des kindlichen Gefühlslebens auch in unserer Erwachsenen-Existenz gegenwärtig sind.

In einigen ihrer Rousseauschen Formulierungen kann man Alice Miller durchaus unterstützen, etwa wenn sie kritisiert, daß ihre Analytiker-Kollegen die Patienten immer nur als Erwachsene und nicht auch in ihrer Lebensgeschichte, ihrer noch gegenwärtigen Kindheit wahrnehmen wollen, »als ob ›Kind-sein‹ etwas Beschämendes und nicht ein Reichtum wäre, den wir später verlieren« (1979, S. 143).

»Sobald das Kind mehr sein darf als ein Träger der elterlichen Projektionen, kann es für die Eltern zu einer unerschöpflichen Quelle des unverstellten *Wissens über die menschliche Natur werden.* Zu dieser Natur gehören bereits im frühesten Alter Sinnlichkeit, Freude am eigenen Körper, Freude an der Zärtlichkeit des Anderen, das Bedürfnis, sich zu artikulieren, gehört, gesehen, verstanden und geachtet zu werden, die Notwendigkeit, Zorn und Wut nicht unterdrücken zu müssen, und auch andere Gefühle, wie Trauer, Angst, Neid und Eifersucht, äußern zu dürfen.« (1981, S. 199.)

Auch dies leuchtet ein: daß dieses Ursprüngliche und Kindliche in der Therapie wieder angesprochen und unterstützt werden soll und daß die Therapeutin sich dabei ganz auf seine Seite schlägt und dieses Anrecht auf kindliches Fühlen mit dem Patienten freizulegen, seinen Verlust und seine Verletzung mit ihm zu verarbeiten sucht. Es ist nicht Sache des Pädagogen, zu beurteilen, wie man dann mit dem Freigelegten umgehen soll, das heißt: wie der Patient von dieser gemeinsam erarbeiteten Regression, dem Rückgriff auf sein kindliches Fühlen, dann den Weg in sein gegenwärtiges Weiterleben findet. Das alles ist therapeutische Aufgabe und Verantwortung. Und wenn Alice Miller hier jede »Erziehungshaltung« ablehnt, wenn sie gegen ihre psychoanalytischen Kollegen polemisiert, die sich zu Anwälten einer Nacherziehung machen und dem Analysanden helfen wollen, mit seinen jetzigen Lebensumständen fertig zu werden, – dann ist das Sache ihres therapeutischen Konzepts, das hier nicht beurteilt werden soll. Aber wenn sie dieses therapeutische Konzept gleichzeitig als allgemeine Regel für die Erziehung ansieht, wenn sie von einer Dauer des naiven Harmonismus träumt, in dem die kindlichen Bedürfnisse fortwährende Erfüllung genießen und aller Anforderungen, aller Lebensgestaltung entbehren können, so muß man der Autorin und ihren Wunschvorstellungen im Namen einer realistischen Auffassung der menschlichen Entwicklung und der gesellschaftlichen Situation des Menschen widersprechen.

Aus ihrem Erfüllungsanspruch wird verständlich, daß Alice Miller nur den frühesten Freud akzeptieren kann, der die biographischen Verletzungen des Kindes entdeckt hat, nicht aber mehr den Freud, der die spannungsvolle Auseinandersetzung zwischen Trieb, Lebensgeschichte und Über-Ich-Ansprüchen erörtert. Von den dichterischen Aussagen, die sie zur Veranschaulichung ihrer Lehre beizieht, können bestimmte Erzählungen des frühen *Hermann Hesse,* der »Demian« und die »Kinderseele« von ihr akzeptiert werden, weil dort von schmerzhaften Auseinandersetzungen mit den Eltern die Rede ist; nicht aber von demselben Hermann Hesse die Erzählungen »Hermann Lauscher« oder »Schön ist die Jugend« oder »Der Zauberer«, in denen sich eine andere autobiographische Wahrheit in scheinbaren Gegensatz zu den Erzählungen von der verletzten Kindheit setzt. Daß beides *nebeneinander* erlebt werden kann, Geborgenheit *und* Verletzungen, frohe Kindheit *und* schmerzvolle Unterdrückung und Lösung von daheim, das ist doch die Mitteilung Hermann Hesses und auch die Quelle seiner spannungsvollen Produktivität. Gibt es doch kaum einen Lebenslauf, in dem nicht beides neben- und ineinander wirkte, was der Dichter hier in gesonderten Figurationen und durchaus so vorgestellt hat, daß man die spannungsvolle Vielfalt dieses Erlebens in jeder der Schriften noch spürt. Alice Miller kann nur die *eine* Seite zulassen: das bedrängte, verletzte Kind und *den* Sigmund Freud und *den* Hermann Hesse, die *diese* Seite des kindlichen Lebens erforscht oder dichterisch gestaltet haben; das andere sucht sie einfach als unwahr, als falsches Bewußtsein oder als konformistisches Zugeständnis aus dem Werk dieser Autoren zu verdrängen.

Biographische oder naturalistische Position?

Indem Alice Miller sich nicht des anthropologischen Modells der Psychoanalyse bedient, also nicht von einem »Es« spricht, einer Triebinstanz, welche mit den Über-Ich-Forderungen und dem Realitätsprinzip versöhnt werden muß, sondern vielmehr vom Kind spricht, das in jedem Erwachsenen gegenwärtig bleibt und sein Recht verlangt, hat sie statt des triebtheoretischen ein *biographisches* Veranschaulichungsmodell gewählt. Die psychische Entwicklung und die Persönlichkeitsbildung ist für sie nicht bestimmt durch die Triebstruktur und damit durch die Frage, ob es gelingt, in der jeweiligen Lebensstufe die verschiedenen psychischen Instanzen zu einem persönlichen Ganzen zusammenzubringen und »Ich-Stärke« zu entwickeln. Alice Miller geht vielmehr aus von dem emotionalen Zentrum der kindlichen Persönlichkeit, von seiner Spontaneität, seinen Liebesbedürfnissen, auch seinem Zorn und seinen Haßgefühlen. Daß diese Spontaneität und ihre Äußerungsformen erhalten bleiben und daß diese kindliche, mit sich übereinstimmende Persönlichkeit *sein darf, was sie ursprünglich ist,* oder wieder freigelegt werden kann, wenn sie überfremdet und zur Erwachsenen-existenz hingequält worden ist, *das* scheint ihr die Grundfrage aller Erziehung (oder besser: der Grund für ihre Forderung der Nicht-Erziehung) zu sein.

Der Versuch Alice Millers, die Freudsche Triebtheorie in Frage zu stellen und die Gefühlsentwicklung des jungen Menschen einschließlich der typischen Eifersüchte, der Besitzwünsche und der Haßgefühle als Momente der Lebensgeschichte zu begreifen, ist gewiß diskutabel und liegt nicht fern von manchen pädagogischen Auseinandersetzungen mit der Freudschen Lehre. Die Pädagogen haben, auch soweit sie von der Psychoanalyse Freuds beeinflußt waren, sich stets mehr für die biographische und die soziale Seite der kindlichen Entwicklung interessiert als für ein festliegendes Modell der Triebstruktur. So ist auch die psychoanalytische Entwicklungslehre in ihrer klassischen Form von den Erziehern nur zögernd und mit Vorbehalten übernommen worden; soweit sie psychoanalytisch geschult waren, haben sie das Triebmodell zu modifizieren und stark mit lebensgeschichtlichen Ereignissen anzureichern versucht. Diese Spannung zwischen der Betonung der Lebensgeschichte und der Betonung eines vorgegebenen Triebschicksals spielt auch innerhalb der psychoanalytischen Schule eine Rolle. Die Pädagogen unter den Freud-Schülern haben die anale Phase und die ödipale Entwicklung einschließlich der Eifersüchte, der Besitzwünsche und der Haßgefühle zwar ebenfalls als typische Themen der kindlichen Gefühlsentwicklung angesehen. Sie haben aber darauf verwiesen, daß es zugleich typische Verläufe der Sozialkonstellation sind, in der ein Kind in unserem Kulturkreis aufwächst und in der es seine Geschlechtsrolle und seine »Identität« erwerben muß.

Alice Miller schlägt sich hier auf die Seite der lebensgeschichtlichen Betrachtungsweise, indem sie der Triebtheorie widerspricht und den Einflüssen der Eltern, ihrer Auseinandersetzung mit der Triebentwicklung und den Selbständigkeitswünschen des Kindes eine ausschlaggebende Bedeutung zumißt. Es ist nur merkwürdig, daß Alice Miller, so sehr sie sich an die biographische Seite hält und folgert, daß das Schicksal der Kindesentwicklung ganz und gar durch die Erlebnisse des Kindes bestimmt wird, dann doch in einen blanken Naturalismus zurückverfällt, dort wo es die Alternativen zur bisherigen Erziehung zu erörtern gilt. Da werden dann plötzlich alte rousseauistische Märchen aufgetischt (Bittner 1980): »Ein Kind, das neun Monate lang gestillt wurde, will nicht mehr an der Brust trinken, man muß es nicht erst dazu erziehen, auf die Brust zu ›verzichten‹« (1979, S. 9). Woher hat sie nur diese spekulative Zahl »neun Monate«? Wie steht sie zu den gegenteiligen Erfahrungen des heutigen Langzeit-Stillens? Kann sie eine einzige Untersuchung aufführen, die diese ihre Behauptung deckt?

Aber sogar im Bereich des Sozialverhaltens beruft sie sich auf eine natürliche Entwicklung: »Ein Kind, das lange genug ›egoistisch‹, ›habgierig‹, ›asozial‹ sein durfte, bekommt von selbst einmal *spontane Freude am Teilen und Geben«* (ebd.). Das Teilen und Geben hat sicher eine psychodynamische Seite, die durch Einübung und Erziehung nicht ohne weiteres erreicht wird. Aber daß soziales Verhalten aus der Sättigung des kindlichen Egoismus von selber hervorwüchse, daß es nicht angewiesen sei auf die Resonanz der Umgebung, widerspricht allem, was wir über die Sozialentwicklung wissen, und scheint mir auch mit der »biographischen Position« Alice Millers eigentlich nicht zu vereinbaren.

Narcissus und sein Spiegelbild

Die Sättigung des kindlichen Egoismus – ist das ein Leitgedanke, der, wie Alice Miller es wünscht, die Erziehungshaltung aufbrechen und ersetzen könnte?

Deutlich gemacht hat Alice Miller, welche Irrwege die Erziehung einschlagen kann. Deutlicher noch als die furchtbaren Mißhandlungen, die sie in der Kindheit der Massenmörder aufspürt (Miller 1980) und die kein vernünftiger Mensch mit dem Wort »Erziehung« rechtfertigen wird, veranschaulicht eine einfache Beobachtung, von der sie erzählt, ihre Position: Sie sieht Eltern auf einem Spaziergang, die sich am Kiosk ein Eis gekauft haben und die für den Wunsch ihres Kindes, so wie sie selbst ein Eis am Stiel halten zu dürfen, kein Verständnis haben. Sie sehen nicht ein,warum das Kind nicht nur schlecken, sondern selber einen Stiel in der Hand halten will; das scheint ihnen Kindeswillkür, der sie entgegentreten, ja über die sie sich lustig machen, ohne Gefühl für die Demütigung, die sie dem Kind dabei zufügen. Auf Schritt und Tritt kan man in der Tat ähnliche Beobachtungen machen. Nur allzu recht hat Alice Miller, wenn sie folgert:

> »Erst die *Sensibilisierung für die feinen und subtilen Arten der Demütigung eines Kindes* können uns helfen, den *Respekt* für das Kind zu entwickeln, den es vom ersten Tag seines Lebens braucht, um seelisch wachsen zu können.« (1979, S. 125.)

Man kann das auch positiv formulieren: Erst die Sensibilisierung für die Gefühle und für das werdende Ich des Kindes, für seine Orientierungsschwierigkeiten, für seine symbolische Weltaneignung, für die Äußerungen seiner Ängste und seiner Phantasie ermöglicht dem Erzieher einen aufbauenden Umgang mit dem Kind.

Aber die Möglichkeit einer solchen empathischen und aufbauenden Zuwendung kann Alice Miller nicht einräumen. Der lebendige Erwachsene, der auf das Kind eingeht, der mit ihm im Austausch steht, der ihm sein Ja und auch sein Nein sagt, wird von Alice Miller kaum geduldet. Nicht als aktiver und lebendiger Partner wird er akzeptiert, sondern allenfalls in der Rolle einer verstehenden und spiegelnden Hintergrundsfigur.

Dieses Bild des blassen, duldenden Erwachsenen im Hintergrund des Kinderlebens läßt sich schon von einem tiefenpsychologischen Verständnis der Beziehungen her nicht begründen. Was die Psychoanalyse entdeckt hat und worin sie eine wirkliche Lehrmeisterin der Pädagogik geworden ist, ist doch dies: daß neben und in den Erziehungshandlungen sich Beziehungen zwischen Eltern und Kindern abspielen, die das Bewußtsein nicht erreichen. Und gerade von diesen unbewußten Gefühlen und Stimmungen her geht ein Einfluß auf die Kinder aus, der ebenfalls ihr Unbewußtes trifft und mit diesem auf erfreuliche oder auf spannungsvolle Weise kommuniziert. Gerade dies aber würde von einem »Abschaffen der Erziehung« nicht berührt. Wir können nicht hindern, daß unser Unbewußtes mit dem unserer Kinder in Verbindung steht, und wir können auch diese Kommunikation mit den Kindern nicht aufgeben. Auch in einer Hintergrunds- und Zuschauerrolle sind unsere Gefühle tätig und erreichen die Kinder. Und die Kinder bedürfen dieses Umgangs, um selber erwachsen zu werden.

Was A. Miller anstelle dieses Umgangs sieht und befürwortet, ist im Grunde nicht lebendige und intensive Begegnung; es sind so distanzierte und abgehobene Haltungen wie Achtung, Respekt, Toleranz und Bereitschaft aus dem Verhalten des Kindes zu lernen (1980, S. 122). Eine Schlüsselbedeutung hat für Alice Miller die Narzißmusproblematik des modernen Menschen (vgl. G. Bittner 1980):

> »Die Mutter schaut das Baby an, das sie im Arm hält, das Baby schaut in das Antlitz der Mutter und findet sich selber darin ... vorausgesetzt, daß die Mutter wirklich das kleine, einmalige, hilflose Wesen anschaut und nicht ihre *eigenen* Introjekte, auch nicht *ihre* Erwartungen, Ängste, Pläne, die sie für das Kind schmiedet, auf das Kind projiziert. Im letzteren Fall findet das Kind im Antlitz der Mutter nicht sich selbst, sondern die Not der Mutter. Es selbst bleibt ohne Spiegel und wird in seinem ganzen späteren Leben vergeblich diesen Spiegel suchen.« (1979, S. 59 f.)

Der Spiegel ist das Ausgangsbild der Geschichte des Narcissus, der in der Quelle sein eigenes Bild sieht und sich in dieses sein Spiegelbild verliebt. Es ist die geradezu klassische Darstellung einer *mißlungenen Beziehung:* Nicht die Wassernymphe, Echo mit Namen, die ihm zu dieser Spiegelung verhilft, kann der Narcissus lieben, sondern immer nur sein eigenes Bild.

Was das Kind braucht, ist nicht *Spiegelung* – das heißt das neutrale, wunschlose Zurückwerfen seiner ausgesandten Lebensäußerungen und seines Eigenbildes. Was es braucht, ist vielmehr *Resonanz*: Mitschwingen, Zum-Klingen-bringen, Anstimmen der begleitenden Obertöne. Was das Kind braucht, ist eine verstehende, sich einfühlende Mutter. Und dieses Verstehen und Einschwingen kann nur auf der Grundlage der eigenen Lebenserfahrung und Gefühlswelt und damit auch der eigenen Wertungen und Verarbeitungen der Mutter geschehen. Es hat also mit der *Reife* der Mutter zu tun.

Freilich kann man sich von Alice Miller sagen lassen, daß gar zu oft das, was da Resonanz sucht, verschluckt oder übertönt wird oder mit falschen Akkorden begleitet, also ein Mitklingendes nicht findet. Aber der Spiegel ist die Metapher für eine einseitige, unlebendige Beziehung. Spiegel-Techniken mögen in gewissen therapeutischen Situationen ihr Recht haben. Im täglichen Umgang mit Kindern aber können sie nur zur Resonanz- und Beziehungslosigkeit führen (vgl. Bittner 1980, S. 103). Das Kind braucht lebendige Partner, nicht sein bloßes Spiegelbild.

Die Bücher Alice Millers faszinieren den Leser und machen ihn zugleich ratlos. Faszinierend ist der Prozeß des Nachdenkens über die eigene Elternbeziehung, in den sie den Leser hineinzwingen. Sie reißen Saiten in ihm an, auf deren Töne er bisher kaum gehört hatte. Sie durchbrechen, mit der starken Suggestion ihrer Sprache und mit der immer neuen Wiederholung ihrer Grundgedanken, bestimmte Schutzwälle und Tabu-Zonen, die in den eigenen Erinnerungen errichtet sind. Mir haben Studenten erzählt, daß ihnen bei der Lektüre dieser Bücher die Tränen gekommen seien – Tränen des Selbstmitleids über frühe Verkennungen und Verletzungen, welche diese Lektüre ihnen erst ins Bewußtsein gerufen habe.

Aber ist das Bild, das von dieser Art der Auseinandersetzung mit der eigenen Vergangenheit entworfen wird, ein wahres, biographisch getreues? Oder ist es ebenso ein Zerrbild der Wirklichkeit, wie das andere, gegenteilige, das Bild von der harmonischen Kindheit und der liebevollen Erziehung, gegen das Alice Miller angeht? Das kann wohl nur jeder einzelne in genauer Selbstprüfung seiner Erinnerungen entscheiden. Das Fesselnde der Bücher Alice Millers liegt jedenfalls darin, daß sie einen solchen Prozeß der Beschäftigung mit der eigenen Vergangenheit auslöst.

Wer aber ganz von den Thesen Alice Millers gefesselt bleibt, ist nach der Lektüre dieser Bücher ratlos. Wenn es denn wirklich das Gesetz der Generationenfolge sein soll, daß eine jede sich an der nachfolgenden rächt, daß die Eltern den Kindern antun, was ihnen selber angetan worden ist, nämlich sie vergewaltigen, mißhandeln und drangsalieren, wie könnte man sich denn je aus dem Netz dieser psychischen Zwänge befreien? Diesem Netz kann sich offenbar nur entwinden, wer sich einer Psychoanalyse unterzieht. Und auch dann ist die Wahrscheinlichkeit groß, daß er einem der Analytiker anheimfällt, die Alice Miller viel mehr noch als die Erzieher bekämpft, nämlich einem, der sich doch wieder um die Nacherziehung und Realitätsbewältigung seiner Patienten bemüht.

Die unsicheren Eltern jedenfalls (und die schlimmen Prügel-Eltern lesen solche Bücher sowieso nicht) werden hier zu weiterer Ängstlichkeit und weiterer Rücknahme ihrer Beziehungen veranlaßt. Die Neigung, die hier indirekt gestützt wird, nämlich aus dem Felde zu gehen und Kinder und Jugendliche sich selbst zu überlassen, verbunden mit der Vorstellung von hinreichender Sozialisation durch die Gleichaltrigen – gehören sie nicht zu den traurigen Entlastungsversuchen der älteren Generation, die mit der Verzagtheit und Orientierungslosigkeit, auch mit dem pathologischen Narzißmus junger Menschen gewiß etwas zu tun haben?

5 Was aber heißt »erziehen«?

> Ich will lehren, das wunderbare, von Leben und faszinierenden Überraschungen erfüllte »Ich-weiß-nicht« der modernen Wissenschaft vom Verhältnis zum Kinde zu verstehen.
>
> *Janusz Korczak*

Wer dem Gedankengang bis hierher gefolgt ist, wird seine Zweifel am Sinn und am Nutzen der Erziehung nur an manchen Stellen zerstreut, an anderen Stellen bekräftigt finden. Er mag unserer Mahnung folgen, das ganze Teufelszeug *nicht* Erziehung zu nennen, was sich hinter diesem Namen mit verbirgt: die Lohn- und Strafpraktiken, die Verbote, Drohungen und Beschimpfungen, auch die hinterlistigen Lenkungstechniken, die die Verhaltenswissenschaftler entwickelt haben und in unserer *Brave New World* zur Sicherung von Anpassung und Konsum ins Werk setzen. Aber er hat noch nicht genug gehört davon, was denn eigentlich Erziehung sei und warum sie unentbehrlich sein soll.

Wir wollen versuchen, dies noch besser verständlich zu machen, nicht in Konkurrenz zu den vielen gelehrten Erziehungstheorien oder praktischen Erziehungsbüchern, sondern auf dem Wege des Nachdenkens und Sichannäherns an den Gegenstand, den wir bisher eingeschlagen haben; im Dialog mit Autoren, die meist nicht als Pädagogen geschrieben haben, aber doch Erfahrungen und Gedanken über Kindheit und Erziehung mitteilen und durch die Weise, wie sie über diese Erfahrungen reden, uns anregen, selber wieder verständlicher über Erziehung zu sprechen.

Beginnen wir wieder mit einigen antipädagogischen Erinnerungen und Gedanken. Diesmal stammen sie von *Theodor Fontane,* der in dem Bericht über seine Kinderjahre darüber nachsinnt, wie er und seine Geschwister eigentlich »erzogen« worden sind:

> ». . . wenn ich hier noch einmal die Frage stelle ›wie wurden wir erzogen‹, so muß ich darauf antworten: ›gar nicht und – ausgezeichnet‹. Legt man den Akzent auf die Menge, versteht man unter Erziehung ein fortgesetztes Aufpassen, Ermahnen und Verbessern, ein mit der Gerechtigkeitswaage beständig abgewogenes Lohnen und Strafen, so wurden wir gar nicht erzogen; versteht man aber unter Erziehung nichts weiter, als ›in guter Sitte ein gutes Beispiel geben‹ und im übrigen das Bestreben, einen jungen Baum, bei kaum fühlbarer Anfestigung an einen Stab, in reiner Luft frisch, fröhlich und frei aufwachsen zu lassen, so wurden wir ganz wundervoll erzogen.« (1893, S. 134.)

Was dazu die Schulerziehung beigesteuert hat, das findet bei Fontane eine eher humorvoll-geringschätzige Würdigung, übrigens auch im Blick auf den Ertrag des Lernens (S. 177). Indessen:

»... Erziehung und Schule, bei vielem, was sie gemeinsam haben, sind doch auch wieder zweierlei; die Schule liegt draußen, Erziehung ist Innensache, Sache des Hauses und vieles, ja das Beste, kann man nur aus der Hand der Eltern empfangen. ›Aus der Hand der Eltern‹ ist nicht eigentlich das richtige Wort, wie die Eltern *sind,* wie sie durch ihr bloßes Dasein auf uns wirken – *das* entscheidet.« (S. 133 f.)

Das »bloße Dasein« oder, wie es später heißt, »ein Etwas, das in jenen Jahren, wo die Seele sich bildet, von Minute zu Minute seine Wirkung übt«, ist wohl besser verständlich und weniger verschlissen als das zuvor genannte »Beispiel«. Das Beispiel stammt, ähnlich wie das »Vorbild«, aus einer Bild- und Modell-Pädagogik, die uns heute nicht so sehr wegen ihrer philosophischen Voraussetzungen als wegen ihres hohen und heiklen Anspruchs überspannt-idealistisch vorkommt (Siegfried Lenz' Roman »Das Vorbild« hat dies ironisch zur Sprache gebracht). So ist es denn auch bei Fontane nicht die Beispielhaftigkeit, nicht das »große, mit Pflicht-, Ehr- und Rechtsbegriffen ausstaffierte Tugendexemplar«, das er in Mutter oder Vater sah – seine Eltern waren Menschen mit bedeutenden Schwächen, mit Spannungen und Verletzlichkeiten, die auch die Kinder von früh auf wahrzunehmen und mitzuerleiden hatten. Wo die Eltern gar zu regelrechten Erziehungsmaßnahmen schritten, so wie sie sie verstanden und zuweilen für notwendig hielten, da war der Ausgang allemal fatal und zuweilen von nachhaltiger Kränkung des Kindes überschattet.

Nein, das Beispielhafte, das »Tugendexemplar« meint Fontane nicht. Erziehend ist nur das »Dasein« der Erzieher, das den täglichen Umgang bestimmt. Es sind die kleinen Dinge des Alltags und ihre eigentliche Tönung: Liebe und Güte, »die sich bis zur Schwachheit steigern dürfen«. Und es ist die Freiheit des kindlichen Aufwachsens, »bei kaum fühlbarer Anfestigung an einen Stab«; der Gärtner und das Wachstum eines Bäumchens gehören zur alten Bildersprache der Pädagogik.

Das Bild vom Gärtner wird freilich auch für das Bäume-Beschneiden, Spalier-ziehen und ähnliche eingreifende Tätigkeiten gebraucht, die Fontane gewiß nicht eingeschlossen sehen will. Wir müssen darum weiterfragen – und dabei Fontane und seine Bildersprache hinter uns lassen –, was denn mit dem behutsamen Führen und dem vorwiegenden Wachsenlassen, das hier bejaht wird, genauer gemeint sein kann.

Lassen wir uns dabei ein Stück weit von einem Denker weiterhelfen, der in seiner Methode der Entfaltung pädagogischer Probleme wie kaum ein anderer unüberholt und auch auf neue inhaltliche und gesellschaftliche Probleme anwendbar erscheint: von *Friedrich Schleiermacher*. Schleiermacher hält sich (in seinem pädagogischen Hauptwerk, den Vorlesungen aus dem Jahre 1826), fern von all den Vorstellungen einer schwarzen oder andersfarbigen Pädagogik, in der der Mensch gelenkt und konstruiert, neu gemacht oder vor der Welt gerettet werden soll, also von allen jenen pädagogischen Ideen, die das Kind als ein Gebilde oder Produkt der Erziehung ansehen. Erziehen ist ihm ein behutsames *Begleiten* und denkendes *Mitwirken* an dem, was im Zusammenleben der Menschen, also unabhängig von der Erziehung, *von selbst* geschieht. Dieses von selbst Geschehende wird unter einer bestimmten Verantwortung und Selbstreflexion (mehr noch als unter der üblicherweise genannten ›Zielsetzung‹) verstärkt, korrigiert und vor schädlichem Einfluß bewahrt. Diese Tätigkeit und Teilhabe des Erziehers an dem Leben des Kindes läßt sich, in leichter Abwandlung Schleiermacherscher Begriffe, verstehen als

- *Behütung* des Kindes, Auswahl seiner Lebenswelt;
- *Gegenwirkung* gegen Einflüsse von außen oder Neigungen von innen, die dem weiteren Leben des Kindes schädlich sein könnten;
- *Unterstützung* seiner eigentümlich-individuellen ebenso wie seiner sozialen Entwicklung.

Diese drei Momente suchen wir weiter zu verfolgen und an heutigen Erziehungsproblemen zu entfalten.

5.1. Behüten – Auswählen der Lebenswelt

Daß man ein Kind »behüten« müsse, ist ein Satz, der heute erläutert und verteidigt werden muß. Wer von Behütung spricht, macht sich der Ideologie der »Heilen Welt« verdächtig. Der Begriff »Heile Welt« meint die Vorstellung, man könne in dem friedlosen Getriebe der Erwachsenen Inseln oder Gehege schaffen, in denen eine unbeschädigte Kindheit überdauern könne.

Der Begriff der »Heilen Welt« ist in politisch-ideologischen Auseinandersetzungen aufgekommen. Die Polemik zur Heilen Welt richtet sich gegen die Neigung konservativer Politiker, die Probleme der Industriegesellschaft und die Diskrepanzen innerhalb unseres Sozialgefüges herabzuspielen und entsprechend in der Erziehungs- und Familienpolitik Beschwörungen alter Lebensformen an die Stelle realistischer Analysen zu setzen.

Aber solche Begriffe entfalten ihr eigenes Leben. Mir wurde das durch einen Elternabend deutlich, an dem eine Kindergärtnerin den Eltern eine Lehreinheit über »Kinder in der dritten Welt« erläuterte. Sie hatte den Kindern zu diesem Thema auch einen Film über Hungergebiete und Kinderelend gezeigt. Der Kritik der Eltern begegnete sie mit der Antwort, man dürfe den Kindern doch wohl nicht eine Heile Welt vorgaukeln; darüber entstand dann eine lebhafte Diskussion.

Ein Teil der Kinder, so sagten die Eltern (und so denke ich weiter), hat den Film offenbar gar nicht verstanden oder nicht an sich herankommen lassen. Sie waren jedenfalls nicht beeindruckt und hatten von der kindlichen Fähigkeit Gebrauch gemacht, aus der Fülle der Reize nur das zur Kenntnis zu nehmen, zu dem sie selber eine Beziehung stiften konnten. Andere Kinder aber waren irritiert und verängstigt heimgekommen. Sie hatten das im Film gezeigte Elend auf sich bezogen: *So* kann es einem Kind gehen; so kommt der Krieg über Kinder! Was die Kindergärtnerin beabsichtigt hatte, ihre »erzieherische Zielsetzung«, war offenbar fehlgeschlagen: Die Kinder zeigten kein Mitleid für die Kriegs- und Hungerkinder, sondern hatten das gezeigte Elend entweder *von sich weggehalten* oder als Bedrohung *auf sich selber bezogen.*

Nun hätte die Kindergärtnerin vielleicht wissen können, warum vier- bis fünfjährige Kinder solche Filmbilder in der Regel nicht im Sinne der genannten Zielsetzung verarbeiten, also meist nicht an wirkliche andere Kinder denken und sich in diese »einfühlen«. (Das wäre allenfalls – jenseits der Feststellungen von Piaget – in direktem persönlichen Umgang mit Kindern in solchen Nöten möglich.) Die Erzieherin hätte aber auch ohne solches Wissen im Umgang mit den Kindern erfahren können, wie die Kinder mit dieser Lehreinheit zurechtkommen, ob sie sie zu verarbeiten vermögen oder nicht. Sie aber hatte ihr Erziehungsprogramm im Kopf: Aufklärung über das Elend der Dritten Welt, Widerspruch gegen die »Heile Welt« und gegen eine »behütete Kindheit«.

Damit ist ein Stück weit schon gesagt, was man positiv unter Behütung und Auswahl verstehen kann. Behüten heißt zunächst einmal:

> Im praktischen Umgang mit Kindern erfahren, verstehen, fühlen, wie Kinder die Welt verarbeiten können, die wir ihnen anbieten oder in die wir sie mit hereinnehmen. Und weiter: darauf Rücksicht nehmen, wie die Kinder sie verarbeiten; Erlebnisse und Eindrücke ihnen nach Möglichkeit ersparen, mit denen sie nicht fertig werden können – vor allem solche, die sie bedrohen, die ihnen Angst machen, die sie erschrecken oder auf andere Weise überfordern.

Ein Wissen über die Entwicklungsschritte des Kindes, über seine Erkenntnisformen, über seine Ängste und Labilitäten kann, wie gesagt, dabei von Nutzen sein. So wäre es für jene Kindergärtnerin gut gewesen, sie hätte etwas über die kognitiven Voraussetzungen gewußt, über die ein Kind verfügen muß, um für diese Art von Belehrung und Empathie-Erzeugung ansprechbar zu sein. Sie hätte sich dann im voraus überlegen können, warum eine solche Lehreinheit für den Kindergarten nicht sinnvoll ist und welche Neben- und Fehlwirkungen dabei wahrscheinlich aufkommen. Wichtiger als solches Wissen ist aber der Kontakt mit den Kindern und das eigene Einfühlungsvermögen des Erziehenden, seine Fähigkeit zum Beispiel, Orte der Bedrohung und der Verängstigung wahrzunehmen, oft an ganz unerwarteter Stelle, und, wenn sie sich denn nicht vermeiden lassen, die Kinder dort fester und beschützender an die Hand zu nehmen.

Jetzt aber kommen Einwände – auch sie können wir in jenen Elternabend im Kindergarten verlegen und damit die Erzieherin sich verteidigen, und einige Eltern im Namen sogenannter Progressivität ihr beispringen lassen.

Einmal: Soll man denn Kinder überhaupt behüten, soll man ihnen eine Welt auswählen, die sie verstehen und in der sie sich zurechtfinden können? Ist eine solche Abschirmung und Zurichtung prinzipiell wünschenswert? In einer solchen Kinderwelt könnte das Kind doch gerade das Wichtigste nicht lernen, nämlich sich in der Welt, wie sie wirklich ist, zurechtzufinden und darin seine Selbständigkeit zu erringen. Wird das Kind nicht seiner wichtigsten Herausforderung, nämlich der gesellschaftlichen Realität als dem Hauptfaktor der »Sozialisation«, damit beraubt?

Weiter: Wenn das Kinderland, die Sondereinrichtungen für Kinder und die Erwägungen *ad usum Delphini* (›Wie sag ich's meinem Kinde?‹) eine Erfindung der Neuzeit sind, wenn Kinder früherer Zeiten auch mit allen Schrecklichkeiten und Schwächen, mit Krieg, mit Sexualität, Liebe und Haß, mit Lug und Trug der Erwachsenen haben fertig werden müssen, warum soll das alles denn heute den Kindern so sehr schaden, warum ihnen nicht auch heute zugemutet werden können?

Und schließlich: Ist eine solche behütete Welt praktisch überhaupt möglich? Dringt nicht alles, was es an Spannungen und Überforderungen, an Häßlichem und Angstmachendem im Erwachsenenalltag gibt, durch alle Ritzen in die Kinderstube ein? Sehen die Kinder nicht zum Beispiel auf dem Bildschirm schon alles das, was jene Kindergarteneltern ihnen vorenthalten wollten?

Diese Einwände nötigen in der Tat zu Einschränkungen und Differenzierungen. Sie richten sich auf die scheinbar paradoxe Situation der Erziehung im ganzen: daß Kinder geführt werden müssen, um sich selber führen zu können; daß sie Sicherheit brauchen, um diese Sicherheit verlassen zu können. Paradox ist diese Situation aber nur, wenn man den Wandel der Lebensabschnitte und den zeitlichen Aufbau der Entwicklung außer acht läßt. Kinder, die eine grundlegende Sicherheit ihrer frühen Beziehungen nicht erfahren haben, haben es oft lebenslänglich schwer, Selbstsicherheit und Selbständigkeit zu gewinnen. Diese – hinreichend bekannte – Tatsache enthält aber schon das Prinzipielle des Behütens: Für das Kind wird ein Lebensraum geschaffen, in dem es Liebe und Verläßlichkeit erfahren kann und der, so gut es geht, das Unverläßliche, Spannungsvolle, Irritierende abschirmt, jedenfalls für eine Zeit in den Hintergrund drängt.

Emotionale Sicherung

Der Kinderarzt Alfred Nitschke hat einmal, in einem Kolloquium des Tübinger Leibniz-Kollegs, sehr eindrücklich von einem Erlebnis aus der Zeit der Flüchtlingstrecks 1944/1945 berichtet: wie es dort einer Mutter gelang, trotz der eigenen Angst und Anspannung das Sicherheit gebende Grundgefühl bei ihren beiden Kindern zu erhalten. Die Botschaft »Ich bin da, wir bleiben zusammen« und die Intensität des Miteinanderseins vermochten sogar in dieser Extremsituation einen bergenden Raum zu schaffen. An den Spielweisen der Kinder, die entlastet, thematisch offen und ohne zwanghafte Wiederholungen waren, habe er das fast Absurde sehen können: Geborgenheitsgefühl und einen abgeschirmten Raum für die Kinder, inmitten einer ganz und gar aus den Fugen geratenen Welt.

Es »gelang« der Mutter, hieß es; es wird also vermutet, daß die Mutter das gewollt, als ihre Aufgabe angesehen hat, dieses Stück psychischer Sicherung der Kinder aufrechtzuerhalten oder zu intensivieren. Dafür mußte sie sich nicht nur öffnen für die elementaren

Bedürfnisse der Kinder, sondern sich auch selber ein Stück weit abschirmen gegen die bedrohliche Umwelt. Sie mußte die eigene Angst und vielleicht auch den Wunsch, dieser Angst hemmungslos Ausdruck zu geben, in sich selber niederhalten. In dem Ansturm der eigenen Gefühle mußte sie sich wahrscheinlich willentlich einstellen auf diese Zuwendung zu den Kindern und Ängste in sich abwehren, von denen sie hätte erwarten dürfen, daß sie – trotz ihres eigenen Anrechts auch auf diese Gefühle – die Bedrohung der Kinder hätten steigern müssen.

Gewiß ist man nur in Maßen »Herr« seiner Gefühle. Und gewiß auch sind die Gefühle imstande, auch in der unterdrückten, ja sogar in der unbewußten Form sich den Kindern mitzuteilen. Über die Weisen und die Wege, auf denen solche komplizierten, unserem Bewußtsein und unserem Modelldenken nur teilweise zugänglichen Empfindungen und Willenshaltungen sich austauschen und dem anderen mitteilen, wissen wir – trotz der reichen tiefenpsychologischen und interaktionistischen Forschung – nur wenig. Aber daß es ein »Zulassen« oder auch »Ausagieren« von Gefühlen gibt, und ebenso ein Zurückhalten, sich auf bestimmte Gefühle konzentrieren – das wird wohl fast jeder an eigenen Erfahrungen prüfen können.

Erziehung hat es, gerade auf der Ebene des »Behütens«, zunächst einmal mit dem Umgang mit den eigenen Gefühlen zu tun. Dieser Umgang ist bestimmt durch das, was Erwachsene für das Kind sein sollen. Sie sollen Beschützer sein, die dem Kind die elementare Sicherheit geben, deren es für seine Entwicklung, seine Weltzuwendung, seine eigene Liebesfähigkeit bedarf. Ein nicht behütetes, Schutzlosigkeit erlebendes Kind wird, von Angst und Schutzverlangen übermächtigt, unfrei; es bleibt auf sich und seine Ängste konzentriert. Ihm fehlt die Grundlage, von der aus es die Welt erfahren und erforschen und sich vertrauensvoll anderen Menschen zuwenden kann. Es ist hier zu erinnern an die Beobachtungen über Kinder, die, noch kriechend, anfangen, ein Nachbarzimmer zu erkunden und sich dabei immer wieder durch Stimmzeichen der Gegenwart von Mutter oder Vater versichern, die aber ihre neugierige Erkundung einstellen, sobald diese Signale, mit denen sie sich der eigenen Sicherheit vergewissern, keine Antwort mehr erhalten (Kaplan 1981). Oder an die Erzählung der Nikitins (1978) von dem Jungen, der vom Sandkastenspiel immer wieder zu seiner Mutter laufen und sie für ein paar Sekunden anfassen muß und dann wieder zum Spiel zurückkehren kann, »so als ob er Lebenswasser getrunken hätte« (S. 120).

Auch diese Behütung aber ist – und das macht ihre »Erziehungsqualität« aus – wieder eine Sache des rechten Maßes. Der mangelnden Behütung und Vernachlässigung (»Verwahrlosung«) auf der einen Seite steht die Überbehütung (»overprotection«) auf der anderen Seite gegenüber. Wenn die Eltern das Kind nicht in dem Maße freigeben, in dem es seine eigenen Erfahrungen machen, seine Entscheidungen fällen, seine Wege finden könnte – sei es, daß sie selber zu ängstlich sind und nicht imstande, Vertrauen in das Kind zu setzen, sei es, daß sie das Kind zur Bearbeitung ihrer eigenen Probleme und zur Erfüllung egoistischer Wünsche in Abhängigkeit halten – dann schädigen und behindern sie das Kind.

Behüten ist also, prinzipiell, das rechte Sicheinstellen auf die Sicherung *und* auf die Freigabe des Kindes. Und es ist zugleich bezogen auf das Alter des Kindes und die damit verbundenen Schritte in die Selbständigkeit. Da liegen nun freilich die Vorstellungen, was ein Kind in welchem Alter selber regeln kann und sollte, in den verschiedenen sozial-kulturellen Milieus und in verschiedenen familiären und religiösen Traditionen sehr weit auseinander.

Erfahrbares Milieu

Behütung ist aber Sache des Milieus nicht nur als Verschiedenheit der *Gesinnungen* und überlieferten *Lebensformen,* sondern auch des *realen Milieus,* der sächlichen und sozialen Bedingungen, in denen sich Selbständigkeit des Kindes entwickeln kann oder aber niedergehalten wird.

Wenn Theodor Fontane dankbar auf die geringen Erziehungsneigungen seiner Eltern zurückblickt, so bezieht sich das auf eine Kindheit, die sich in Dachstöcken und Heuböden, im Garten und auf der Straße, in den offenen Häusern der Nachbarschaft und auf dem Kai abspielte. Es gibt darin zwar hie und da auch gefährliche Momente: Schlägereien mit einer Bande aus einem anderen Quartier oder verbotene und gefährliche Spiele auf den am Kai vertäuten Schiffen. Aber das Milieu im ganzen, sowohl in seinen materiell-landschaftlich-baulichen wie in seinen sozialen Bedingungen, ist im Swinemünde der 1830er Jahre den Kindern freundlich, es regt sie vielfältig an, gibt ihnen Freiheit. Es ermöglicht ihnen die Gestaltung einer Kinderwelt inmitten des Erwachsenenalltags. Hier ist höchste Freiheit zugleich das Vernünftigste wie auch das Anregendste, Förderlichste für die Kinder selber. Etwas mehr Bildung und Lernen, so scheint es dem alten Fontane, hätte nicht geschadet – aber im ganzen waren die Bedingungen für ein kindliches Leben, das zugleich reiche Erfahrungen in einer kinderoffenen Erwachsenenwelt gewinnen konnte, geradezu ideal.

Aber diese Kinderwelt im kleinstädtischen Biedermeier ist nicht die unsere. Wir bieten den Kindern eher genormte Spielplätze mit dürftigem Erkundungs- und Betätigungswert. Was für sie in den Wohn- und Industrielandschaften interessant sein könnte – Röhrenkeller, Materiallager, Baustellen, Trümmergrundstücke – das wird ihnen meistens verwehrt. Auch auf Straßen und Plätzen, ihren angestammten Spielorten, ist es gefährlich geworden. Die Verkehrs- und Arbeitswelt nimmt Kinder nicht als selbstverständlich dazugehörige Mitglieder eines kompletten Lebens auf, sondern hält sie sich als Störung oder Verkehrsgefährdung vom Leibe. Hat man Lebens- und Spielräume für Kinder gebaut oder gefunden, so muß man sie sichern und ausgrenzen. Behütung und Grenzziehung sind – schon im äußerlich Räumlichen – nötig geworden, um den Kindern überhaupt einen Lebensraum inmitten unserer Effizienz-Welt zu erhalten.

Aber die Behütung vor äußeren Gefahren und die Sicherung von Orten, Landschaften und Institutionen des Kinderlebens sind nur eine Seite. Wichtiger, eingreifender noch ist die andere, die Notwendigkeit, Kinder, jedenfalls ein Stück weit, vor den Zugriffen der Meinungsmacher, der Konsumwelt, der Werbung, der Medien zu schützen.

Das ist eine Sisyphus-Arbeit, von täglichen Niederlagen gezeichnet. Der Druck der kommerziellen Welt und das Angebot der Medien sind stärker als die Erzieher. Sie sind ja ein Teil des gesellschaftlichen Lebens, der »Sozialisation« in dem Sinne, daß ihre Merkmale und Angebote an jeder Ecke dem Kind auflauern.

An der Plakatwand, im Einkaufsmarkt, an den Automaten, in den Leseheften, im wirtschaftlichen Renommiersystem der Kleidung, des kommerziellen Spielzeugs und der anderen Geltungssymbole, in den Handzetteln, in den Journalen, in den Werbesendungen werden den Kindern, mehr noch als den Erwachsenen, die sich ihre Abwehr schon aufgebaut haben, ununterbrochen Konsumgelüste und Zerstreuungswünsche nahegebracht. Mehr noch: es wird ihnen nahegelegt, sich selber durch »Haben« zu definieren, sich der Konsum- und Besitzsymbolik zu fügen, die diese Medien an die Stelle anderer Lebens- und Seinssymbole setzen.

Gerät man mit solchen Gedanken nun einfach in das weite Feld der Kultur- und Kapitalismuskritik und löst damit lediglich die üblichen Zustimmungs- oder Abwehrschemata aus? Kapitalistische und sozialistische Systeme bedienen sich heute auf ähnliche Weise der Medien und der Werbung zur rechtzeitigen Auslöschung der Persönlichkeit, zur Konformisierung des Individuums. Diese Schrift hat es nur mit den Bedingungen der Erziehung in der westlichen Welt zu tun. In dieser unserer Welt, in der unsere Kinder aufwachsen, wird die Konformisierung des Individuums nicht auf dem Wege frühzeitiger Politparolen oder durch Meinungsterror in den Erziehungsinstitutionen betrieben – darauf tun wir uns mit Recht etwas zugute. Aber sie wird betrieben durch den leisen, schmerzlosen, verführerischen Dauerappell, durch die Suggestion des Habenmüssens und durch pausenlose Nötigung und Lockung, die sich aller Mittel der Psychologie und der Verhaltenssteuerung bedient.

Das Eigentum, das kleine Kinder in die Symbolik ihres Selbständigwerdens einbauen, ist zum Glück meistens anspruchslos und kaum kommerzialisierbar. Kastanien und Murmeln, bunte Bänder und Zimmermannsnägel, Schneckenhäuser und Häkelpuppen, die sie in ihren Taschen herumtragen oder unterm Kopfkissen anhäufen, sind noch einigermaßen widerstandsfähig gegen die Konkurrenz von Industrieprodukten. Aber jede Spielwarenmesse oder Lehrmittelschau zeigt uns, wie auch in diesen frühen Raum des Persönlichkeitsaufbaus und der eigenen sächlichen Umgebung, in der das Kind sich als ein Selbst erfährt, die Suggestionen und Angebote eindringen und darauf aus sind, die persönliche Kindheit zur Medien- und Konsum-Kindheit umzuformen.

Ab-Schirmen

Soweit die Medien direkt in kommerzieller Hand sind, ist ihr Interesse an der Einfügung des Kindes in die Konsumwelt ein unmittelbares, mindestens dort, wo der Kauf der nächsten Nummer dieses Heftchens oder dieser Kinderzeitschrift ansteht. Aber auch die öffentlich unternommenen und kontrollierten Medien, die nicht nur unterhalten, sondern auch belehren, aufklären, fördern sollen, haben sich mit dem Fetisch der »Einschaltquote« auf den Weg begeben, auf dem die aufklärerische Qualität und der menschliche Wert einer Sendung sich messen lassen müssen am Lustprinzip, also am Thrill, am raschen Szenenwechsel, an den Drolligkeitssignalen, an der Eingängigkeit und dem Rhythmus der Musik. Die Einschaltquote ist, wo Kinder am Knopf der Apparate sitzen, von der Dichte der unmittelbaren Vergnügungsimpulse bestimmt, die dieser Apparat zur Verfügung stellt. Und da stehen uns, mit dem Kabel- und Kassettenfernsehen, schlimme Zeiten ins Haus.

Wer also dafür ist, Kinder sollten jederzeit und soviel sie Lust haben, das Medienangebot konsumieren (wohl am besten, indem sie die Geräte selber im Kinderzimmer haben?) – Katharina Rutschky hat das unlängst propagiert (1982) –, der hat sich entweder mit den Aufbauprinzipien von Sendungen, die Kinder fesseln sollen, nicht beschäftigt, oder er stimmt der tendenziellen Entmündigung zu, die sich hier in der empfindlichen Zeit der Selbstwerdung des Kindes einnistet.

Einen bestimmten Teil dieser Beherrschung des Menschen durch die Medien hat Günther Anders (1980) eindrücklich dargestellt: die zunehmende »akustische Freiheitsberaubung«, die Besetzung von immer mehr bisherigen Freiräumen durch Geräusche, durch Lärm und Musik. Gegen optische Signale und Verführung können wir uns wehren; Wegschauen, Augenschließen ist möglich. Die Freiheitsberaubung durch Lärm und Töne liegt darin,

»daß, im Unterschied zur sichtbaren Welt, die hörbare ungefragt, indiskret, aufdringlich, ohne unserer ausdrücklichen intentionalen Zuwendung zu bedürfen, in uns eindringen und uns, ob wir wollen oder nicht, zur Teilnahme zwingen kann« (S. 243).

Wenn man durch die Straßen geht, wenn man ein Kaufhaus betritt, wenn man ein Café oder Restaurant oder auch ein Hallenbad besucht, für viele Leute schon, wenn sie an ihren Arbeitsplatz kommen, wird eine Kulisse aufgezogen oder vielmehr eine Glocke über die Menschen gestülpt, unter der sie zum Hören alles dessen, was dort abgesondert wird, – Musik, Nachrichten, banale Unterhaltung, Reklameeinlagen –, gezwungen sind. Es ist nicht mehr der bewußt ausgeübte Zwang zum Hören von Hitler- und Goebbels-Reden, es ist überhaupt nicht eine Machtgruppe von ökonomischen Multis oder politischen Psychotechnikern, die diese akustische Freiheitsberaubung geplant und inszeniert hätte. Sie breitet sich, durch autogene Gewohnheits- und Bedürfniserzeugung, selber aus. An ihrem weiteren Wuchern, ihrer Verdichtung, Verbesserung und Verkabelung arbeiten kommerzielle und politische Kräfte in rastlosem Wettstreit und mit dem sichtbaren Effekt, daß die jeweils jüngeren Jahrgänge wieder einige Grade fester im Griff dieser Medien sind. Es gibt kaum noch Jugendliche, die dies nicht selber als ein Generationsmerkmal, als Stück ihrer Jugendkultur ansehen; die nicht einige Stunden des Tages sich an die »akustische Leine« hängen und damit die Privatheit, das Selbersein, die Kommunikation mit anderen entweder einstellen oder nur unter dieser Glocke fortführen. Neue technische Stufen wie etwa der ›Walkman‹ für paarweises Abhören erlauben es, auch die Intimbeziehungen unter solche Fremdprogramme zu stellen.

Behüten und Freigeben

Unter dem etwas altmodischen Wort der »Behütung« haben wir uns dreierlei klargemacht. Das Kind braucht eine *psychische Geborgenheit* als Grundton seiner notwendig auch disharmonischen Erfahrungen. Es braucht die verläßliche, unbedingte und jederzeit wieder erfahrbare Gewißheit, daß es irgendwo zu Hause ist, daß mindestens *ein* Mensch für es einsteht und es bedingungslos akzeptiert. Bedingungslos heißt: unabhängig davon, ob es sich gerade wunschgemäß verhält. Ist diese grundlegende Sicherheit mindestens durch einen Elternteil oder durch Pflegeeltern gegeben, so vermögen Kinder auch erstaunliche Belastungen wie die Scheidung der Eltern, Kriegs- oder Flüchtlingsschicksal, einen Krankenhausaufenthalt ohne allzu schwere Irritation zu überstehen. Fehlt diese annehmende Zuwendung oder wird sie dem Kind aus Leichtsinn oder gar absichtlich, zu Zwecken der Verhaltenssteuerung, immer wieder entzogen, so sind die Auswirkungen, auch in intakt aussehenden Familien, fast immer fatal. Ein Kind kann ein normales Selbstvertrauen und damit alle weiteren Schritte zur Selbständigkeit ohne dieses Fundament kaum entwickeln.

Behütung heißt zweitens: Das Kind braucht Räume der Erkundung, der Betätigung und der Welterfahrung. Diese Räume sind nicht selbstverständlich da, sie sind nicht mit der Lebens- und Arbeitswelt der Erwachsenen identisch. Sondern sie müssen als *Lebensräume für Kinder* gewählt, oft erst hergestellt, bedacht und gesichert werden. Spielplätze finden, Freundschaften anbahnen, mit anderen Eltern sich zusammentun, die Kinder in andere Familien hineinschauen, sie dort auch leben, auch einmal übernachten lassen; – immerzu nach Freiräumen ausspähen, auch wissen und ermöglichen, daß die Kinder selber über alle diese vorgesehenen Räume hinausdrängen; – Ferienorte suchen, in denen die Kinder ganz neue Erfahrungen machen und Freiheiten genießen können – das alles gehört zu diesem »Behüten«, zum Auswählen und stufenweisen Freigeben der Welt. Die Umgebung des Kindes kann zwar nicht geschönt und neu konstruiert werden. Aber sie soll auch nicht in ihrer ganzen Härte auf das Kind einhämmern; sie soll nicht aus der Sorge der Erwachsenen herausfallen, aus der Anteilnahme und der ungefähren Abmessung dessen, was Kinder verarbeiten und womit sie leben können. Hier bezieht sich also Behütung auf den ›Oikos‹, das Bedenken einer Ökologie der Lebens- und Erfahrungswelt der Kinder.

Und eine dritte Bedeutung meint das Behüten in der Auswahl der *geistigen Umwelt;* das heißt aber auch: in der Auseinandersetzung mit der geistigen Umweltverschmutzung, der wir alle ausgesetzt sind, mit dem Konsumismus, mit der Banalität, mit der alltäglichen und öffentlichen Zerstörung der Scham, mit der Friedlosigkeit, mit dem Angebot der Medien- und Warenhauskultur aus Plastik und Farbbonbons. Behüten kann hier, mehr noch als bei den vorigen Dimensionen, immer nur ein Relatives bedeuten: Es ist der Versuch, diese Einflüsse nicht überwuchern zu lassen. Er ist an die Notwendigkeit gebunden, daß die Erwachsenen, im Umgang mit ihren Kindern, selber zu diesem Dauerappell ein reflektiertes und distanziertes Verhältnis behalten oder gewinnen können.

Gegen alle drei hier hervorgehobenen Dimensionen von »Behüten« wirken starke gesellschaftliche Kräfte. Die erste kollidiert mit der vollen außerhäuslichen Berufstätigkeit beider Eltern. Die zweite steht in Spannung zu den Wohn- und Lebensbedingungen der Großstadt. Die dritte legt sich quer zu den bequemen Entlastungstechniken, die sich gerade für die städtische Familie ergeben; will man die Kinder aufwandlos gehütet sehen, so bietet sich der elektronische Hüter als erstes an.

Für alle drei Dimensionen der Behütungsforderung erscheinen die antipädagogischen Parolen nur zu bequem: Laßt doch die Kinder tun, was ihnen behagt; laßt sie hocken, konsumieren und anglotzen, was der Medien-Alltag ihnen zu bieten hat, gönnt ihnen doch ihr entmündigendes Vergnügen!

Gegen alle Dimensionen des Behütens gibt es aber auch pädagogische Einwendungen, die man sich zur Korrektur und zur Begrenzung des Behütungsprinzips vor Augen halten muß.

Die emotionale Behütung darf sich nicht steigern und verzerren zur emotionalen *Besetzung* des Kindes. »Besetzung« heißt hier: Überbürdung, Überlastung mit eigenen Problemen und Ängsten der Erzieher. Es kann nur derjenige Sicherheit gewähren und ein guter Partner sein für das Kind, der sich selber nicht fortwährend irritieren läßt, sondern die Aufmerksamkeit für die Bedürfnisse des Kindes verbindet mit dem Bewußtsein des eigenen Selbst und mit dem Willen zu einem eigenen Lebensstil. Die Irritation heutiger Eltern ist großenteils selber schon ein Produkt des Konsumismus, nämlich des pausenlos erzeugten Zweifels, ob man denn mit den neuesten und wichtigsten Medizin- oder Erziehungsbüchern versehen, mit der richtigen Babynahrung bestückt, mit dem notwendigen Spielzeug oder den neuesten Lernsystemen ausgerüstet sei. Erziehen kann nur, wer in diesem Regen der Informationen und der Angebote sein Selbstsein findet und behält.

Weiter: Das Behüten und Nachdenken über eine bewältigbare Lebenswelt des Kindes darf nicht gleichgesetzt werden mit den eigenen Wünschen der Erwachsenen nach einer anderen, besseren Welt und mit den Techniken der Ausblendung, der Nichtzulassung von unerwünschten Tatsachen oder sozialen Spannungen. Jeder von uns hat zwar seine bestimmte Sicht der Welt, unsere Wahrnehmung richtet sich nie auf die volle Realität. Wir halten Ereignisse und Zustände für wichtig, die andere Menschen kaum wahrnehmen; wir wählen aus. Dennoch gibt es offensichtliche Realitätsverschiebungen oder -verzerrungen, »Abwehr« auf der Hand liegender Probleme und Spannungen, Blindheit, Nicht-sehen-wollen, mit dem ein Teil unserer Mitmenschen sich der Wirklichkeit entzieht.

Das ist es z. B., was Fritz Zorn (»Mars«, 1979) seinen Eltern vorwirft, die Erzeugung und Aufrechterhaltung einer innerfamiliären Schein- und Verdrängungswelt, in der über alles »Schwierige« nicht gesprochen werden darf. »Zu den ›schwierigen‹ Dingen gehörten aber fast alle menschlichen Beziehungen, die Politik, die Religion, das Geld und selbstverständlich die Sexualität« (S. 34). Den Kindern, die in dieser Familie und an der Zürcher »Goldküste« aufwuchsen, sollte Unvollkommenes nicht begegnen. Hier wird Behütung zur

Konstruktion einer intakten Welt, in der man über gar nichts mehr sprechen kann, weil so gut wie alles, was aus jugendlichem Interesse und Orientierungswunsch Gegenstand eines Gesprächs werden könnte, verdrängt und verboten ist. Hier wird eine fiktive, eine heile-unheile Welt mit einem Abwehrsystem umgeben, das die Wahrnehmung entscheidender Realitäten nicht zuläßt und das Kind in diesen Verformungsprozeß mit einbezieht.

Das alles darf aber nicht verwechselt werden mit einer pädagogischen Rechtfertigung des Behütens: daß man den Weg des Kindes in die Realität so begleiten, bedenken und abstufen soll, daß das Kind von verläßlichen Grundbeziehungen ausgehen kann und seine Schritte in die Realität hinein nicht als beängstigend und entmutigend erfahren muß.

Auch das sollte man sich, wenn man dieses Thema bedenkt, vergegenwärtigen: daß Kinder meistens viel mehr wahrnehmen, als ihre Eltern denken, und daß sie die Bevormundung, die Vertröstungen auf später zum Beispiel, die fremdsprachliche oder zeichensprachliche Verständigung der Eltern über den Kopf der Kinder hinweg als ein Zurückstoßen in ihre Kindlichkeit erleben.

Ihren Zorn über Geheimnistuerei der Erwachsenen, über Ausflüchte oder Unwahrheit hat Christa Wolf (Kindheitsmuster, 1977) sehr genau im Gedächtnis behalten. Warum darf sie über das Kind einer »Fremdarbeiterin« nichts hören? Warum darf sie nicht wissen, daß ihre eigene Mutter nicht verreist, sondern schwer krank in die Klinik gekommen ist? Man hat sie belogen, um sich selber die Worte der Wahrheit zu sparen (S. 220). Einmal reißt sie, als sie von Gesprächen ausgeschlossen werden soll, die Tür zum Wohnzimmer auf, »um hineinzurufen: man solle sie bloß nicht für dumm halten. Sie wisse ja doch, was jetzt besprochen werden solle: Tante Trudchens Ehescheidung. – (anhaltende Genugtuung über die Wirkung, die sie erzielte«, S. 83). Das Kind ahnt auch Dinge, die in ihrer Furchtbarkeit wohl den Erwachsenen selber kaum aussprechbar waren. Es ahnt, daß etwas mit dem Tod der geisteskranken Tante nicht stimmen kann. Es wird Zeuge eines Telefongesprächs seines Vaters während eines Fronturlaubs, in dem der Schrecken über Geißelerschießungen das Gesicht des Vaters verfärbt. Es rennt an mit seinem kindlichen Forschungsdrang gegen die Barrieren, die man schützend oder abwehrend um es errichten will (S. 218, 232).

Kinder müssen auch in die Welt entlassen, müssen »gewagt« werden, hat schon Herbart gesagt. Gewagt heißt: daß ein Risiko eingegangen wird, das Risiko der Verselbständigung und Einbeziehung in die verworrene, schmerzbereitende, schreckliche Welt, der die Behütungsillusionen und die eigenen Ängste der Erzieher allzu oft nicht gewachsen sind.

»Aufpassen«, ruft Janusz Korczak den Kinder-Behütern zu, »keinen Augenblick aus den Augen lassen! Aufpassen, nicht sich selbst überlassen, aufpassen, niemals nachlassen. Es kann ja stürzen, sich stoßen, verletzen oder schmutzig machen, etwas verschütten, zerreißen, zerbrechen, verbummeln und verlieren, mit Streichhölzern spielen oder einen Dieb ins Haus lassen. Es kann sich selbst und uns Schaden zufügen und sich, uns und seine Spielgefährten zum Krüppel machen.

Aufpassen, keine selbständigen Unternehmungen, und das volle Recht der Kontrolle und Kritik für uns. Das Kind weiß noch nicht, was und wieviel es essen, wieviel und wann es trinken soll, es kennt die Grenzen seiner Kraft noch nicht. Also gilt es, über Essen, Schlafen und Ausruhen zu wachen.

Wie lange? Von welcher Zeit an? Immer!« (1970, S. 13.)

Freigeben des Kindes heißt aber auch für Janusz Korczak: die Verbindung nicht abreißen lassen. Gewiß, Kinder müssen gewagt, müssen freigegeben werden; aber nicht fallengelassen, nicht preisgegeben an alle die, die heute nach ihnen greifen.

5.2. Gegenwirken – Mitwirken

Nicht weit vom Behüten des Kindes und vom Reflektieren und Auswählen seiner Lebenswelt liegt das, was Schleiermacher »Gegenwirkung« nennt: der Widerstand der Erzieher gegen Einflüsse, die sie für schlecht und schädlich halten; und ihr Widerstand gegen Neigungen des Kindes, sich solchen Einflüssen zu überlassen oder sich den nötigen Anforderungen zu entziehen.

Die Gegenwirkung ist gewiß der schwerste und heikelste Teil der Erziehung. Sie ist belastet von den Traditionsströmen der Kinderunterdrückung, von Strafpraxis und Schuldisziplin, die zu den dunklen Kapiteln europäischer Tradition gehören. Hat Erziehung etwas mit Auschwitz zu tun? Ist die Geschichte der Kriege, der Menschenverbrennungen, der Pogrome eine direkte Folge und Auswirkung der Gewalthandlungen, die Eltern und Erzieher wieder und wieder an Kindern begehen? Oder ist die Gewalt an Kindern eher ein Ausdruck des gewalttätigen Umgangs der Menschen miteinander? Die Vehemenz, mit der diese Fragen aufgeworfen worden sind (A. Miller 1980), geht unter die Haut. Wenn im Namen erzieherischer ›Gegenwirkung‹ Kindern so Schlimmes angetan wird, wer mag da über den Sinn und die Notwendigkeit von Gegenwirkung überhaupt noch sprechen?

Auch die rabiate Gewaltanwendung sucht sich ja noch mit der Absicht zu rechtfertigen, man müsse doch das Kind vor dem falschen Weg bewahren und seine aufkommende Bosheit und Verstocktheit beizeiten austreiben. Sind das nur Grenzüberschreitungen und Mißgriffe in der Wahl der Mittel? Oder zeigen diese Mittel vielmehr das wahre und ungeschminkte Gesicht der Erziehung?

Denn die weniger brutalen Lenkungsmaßnahmen, die subtilen Strafen, frostige Zurückhaltung, Aufmerksamkeitsentzug, Ironie und ähnliche Spitzigkeiten – sie sind vielleicht nur die psychologisch verfeinerten Methoden für das gleiche brutale Vorhaben, nämlich den Kindern Unangenehmes zuzufügen, wenn sie nicht tun, was sie sollen. In ihrer verdeckten Form, als pädagogische Nötigung oder als psychologischer Druck, sind sie – so sagen die Kritiker – nur raffinierter und damit unlauterer, aber nicht von grundsätzlich anderer Qualität als die Lenkung und Bestrafung mit körperlicher Gewalt. Nicht nur das ganze Arsenal solcher Einwirkungen, sondern die dahinterstehenden »guten Absichten« selber werden deshalb von ihnen als Gewaltausübung, als Kinderfeindlichkeit an den Pranger gestellt.

Wenn wir nun in diesem Buch nur *das* als Erziehung gelten lassen wollen, was den jungen Menschen in seiner *Selbstwerdung* und in seinen *sozialen Fähigkeiten* stützt, so müssen wir diese Frage ernstnehmen: ob denn Gegenwirkung Teil der Erziehung sein kann. Weist

Gegenwirkung nicht in die falsche Richtung? Sie widersetzt sich den Strebungen des Kindes, sie arbeitet, besserwisserisch, gegen die noch zarte Souveränität des kindlichen Ich. Sie tut also auf den ersten Blick etwas, das man, gerade im Sinne eines positiven Erziehungsbegriffs, als anti-erzieherisch bezeichnen müßte.

Im Namen des Lernens, im Namen der Kultur

Gegenwirkung muß geschehen, so lautet die These der traditionellen Erziehungslehre, im Namen des Lernens und im Namen der Kultur. Kinder werden größer, und das wollen sie auch. Aber es bringt mit sich, daß sie den Bereich der Geborgenheit und der Spontaneität verlassen, daß sie »gesellschaftlich« werden, wie Basedow sagt. Größer werden heißt nun einmal:

»*Nicht* immer bei der Mutter sein, *nicht* schreien, wenn mir etwas fehlt; *nicht* alles in den Mund stecken; *nicht* mehr am Daumen nuckeln; *nicht* mehr in die Hose machen; *nicht* mehr sich den anderen nackt zeigen; *nicht* mehr im Bett bei den Eltern schlafen; *nicht* mehr auf dem Schoß sitzen; *nicht* mehr jeden streicheln, den man lieb hat; *nicht* mehr jeden schlagen, den man haßt; *nicht* mehr jeden bitten, von dem man etwas möchte; *nicht* mehr jedem geben, dem man geben möchte; *nicht* jedem sagen, was man denkt; *nicht* jedem zeigen, was man möchte; *nicht* jetzt gleich, sondern später; *nicht* alles, sondern nur einen Teil; *nicht* bedürftig sein, sondern selbständig sein!« (Brück S. 128.)

Das Kind will beides, im Wechsel und manchmal zugleich: geborgen sein und selbständig sein. Die Eltern aber wirken meist auf der Seite des Größerwerdens: »Nicht alles in den Mund stecken ... nicht mehr jeden schlagen, den man haßt ... nicht jetzt gleich, sondern später«. Sie wirken gegen die kindliche Spontaneität und zwar gerade auch dann, wenn sie das Kind als gleichberechtigt und als voll handlungsfähig nehmen, also ihm Selbständigkeit zumuten, wo es sie gar nicht will.

Gegenwirkung gegen kindliche Spontaneität geschieht aber vor allem in den Institutionen des Kinderlebens, im Kindergarten und in der Schule. Eine moderne Gesellschaft ist nicht denkbar, ohne daß ihre Bürger gemeinsame Grundlagen des Wissens, der Aufklärung und der sprachlich-kognitiven Verständigung besitzen. Auch eine kulturelle Gemeinsamkeit ist nötig, in der sie sich über ihre öffentlichen Einrichtungen, über bestimmte Lebensregeln, über kulturelle Minima, über Gebrauch und Schutz der Natur und vieles mehr verständigen.

Eine solche kulturelle Gemeinsamkeit kann aber nur aufrechterhalten werden durch ein Bildungssystem, das diese Kultur vermittelt. Und diesem Bildungssystem muß eine gewisse Definitions- und Erhaltungsmacht eingeräumt werden. Es muß, gegebenenfalls mit parlamentarischer Unterstützung, feststellen und fordern können, was jeder Bürger dieses Gemeinwesens an Schulwissen und Kulturtechniken mitzunehmen und bis zu bestimmten Abschlußzeiten zu beherrschen hat. Und es muß »gegenwirken«, wenn er sich diesem Gemeinsamen entziehen will. Die Mittel der Gegenwirkung dienen als Stützsystem für den gemeinsamen Bestand der gesellschaftlichen Kultur. Sie definieren und verhindern so weit als möglich das »abweichende Verhalten«: Gegenwirkung gegen das Ausscheren aus dem gesellschaftlichen Konsens.

Gegen diese traditionelle Argumentation gibt es heute freilich von allen Seiten Kritik und Vorbehalt: *Gesellschaftskritisch* – gegen die Definitionsmacht von Schule und Establishment. *Verhaltenstheoretisch* – gegen die institutionelle Produktion von abweichendem Verhalten. *Kulturtheoretisch* – gegen die Auffassung der Kultur als eines statischen Bestandes, der von einer Generation zur anderen weitergegeben und mit Disziplinarmaßnahmen gesichert werden könne. Und *pädagogisch* – gegen das Konzept von Schule als einer Anstalt, in der die Schüler rezeptiv lernen, ihre Köpfe mit Antworten auf Fragen füllen müssen, die sie nicht gestellt haben; in der sie Wissen reproduzieren, Meinungen übernehmen, sich der Gewalt und Definitionsmacht des Zeugnis- und Prüfungssystems unterwerfen und so fort.

Gegenwirkung dient hier – so heißt es – der Sicherung eines überholten Schulsystems, das davon ausgeht, daß Kinder Zwang benötigen, um etwas zu lernen, und daß sie, sich selbst überlassen, faul, unstet, genußerpicht und böse würden. Wenn eine Schule die *natürliche Neugier* der Kinder zu nutzen wisse, wenn sie das Lernen an die *Erfahrungen und Bedürfnisse der Kinder* anzuknüpfen vermöge, wenn sie die Schüler ihr *eigenes Lernen* betreiben ließe, statt eines vorgegebenen, fremdbestimmten, dann brauche man keine Gegenwirkung. Alles, was gegen den Willen und das Wohlbefinden des Kindes, gegen seine Selbständigkeit und seine Interessen gerichtet sei, gehöre darum nicht zur Erziehung, sondern sei Teil des Anpassungs- und Nötigungsvorgangs, mit dem die Gesellschaft sich die Jugend einverleibt.

Wieder müssen wir Berechtigtes und Irreführendes zu unterscheiden suchen. Solche Kritik an der Schule macht Voraussetzungen, die sich nicht einfach übernehmen lassen.

Sie setzt einmal voraus, daß die Schule nur der Selbstentfaltung der Kinder dienen soll, daß sie eine reine pädagogische Anstalt sei. Wir Pädagogen wünschen das zwar sehr und setzen uns immer wieder dafür ein, daß sie dies in höherem Maß und auf bessere Weise werde. Aber wir sind doch Realisten genug, um zu wissen, welche anderen »Funktionen« die Schule in unserer Gesellschaft hat (Fend 1980). Das Schullernen ist kein freier und nur kind-zentrierter Prozeß, sondern ist durch gesellschaftliche Festlegungen und Anforderungen bestimmt. Es ist durch das weiterführende Bildungssystem, durch das Rechtssystem und durch die Berufs- und Wirtschaftswelt definiert. Ob diese Funktionen noch »funktional« sind, ob die Gesellschaft recht tut, so früh das Ihre zu fordern, statt die Lernfähigkeit sich zunächst einmal ganz nahe an der Erlebniswelt des Kindes entfalten zu lassen, ob Schule nicht ganz anders sein könnte, das steht an dieser Stelle nicht zur Diskussion (vgl. Flitner 1977). Hier geht es darum, die Augen nicht vor der Tatsache zu verschließen, daß es Anforderungen des Lernens, der Kultur und der Gesellschaft gibt, die nicht einfach auf dem Wege der Selbstentfaltung und der Selbständigkeit des Kindes liegen, die auch nicht einfach seinen Wünschen entsprechen und die deshalb durch Mitwirkung und Gegenwirkung der Erwachsenen erreichbar gemacht werden müssen.

Eine weitere Voraussetzung der obigen Schulkritik liegt in der Annahme, jedes Kind – oder auch jeder Erwachsene – kenne jederzeit *seine wahren Interessen.* Es gibt, um nur die einfachste Unterscheidung zu treffen, unmittelbare und kurzatmige Bedürfnisse, die zu befriedigen schon eine Reflexion auf den morgigen Tag verbieten würde und die sich, aus langfristiger Perspektive (etwa der Gesundheit oder der Berufspläne) als schädlich und dem wahren Interesse feindlich erweisen. Die Abwahl eines wichtigen Schulfachs oder die Entscheidung, nicht zum Zahnarzt zu gehen, können dem Interesse des Kindes auf längere Sicht erheblich schaden. Das wahre Interesse (auch unter Erwachsenen) bedarf der Aufklärung, der Reflexion, der Zukunftsperspektive. Und es bedarf des Diskurses mit den Menschen, die mit diesem Interesse verbunden und von ihm unmittelbar betroffen sind (vgl. Bubner 1982, S. 228 f.).

Das heißt einerseits, daß die Kinder nicht ohne weiteres (noch weit weniger als Erwachsene) als Souveräne ihrer Interessen angesehen werden können. Es heißt freilich auch, daß die Rolle der Erzieher als Sachwalter und Definierer der kindlichen Interessen nicht unproblematisch ist. Jedenfalls sind auch die Erzieher auf Abwägen und Prüfen angewiesen, auf Kritik auch ihrer eigenen Gegeninteressen, zum Beispiel in Form von Beratung und Aussprache mit anderen Erziehern; vor allem aber auch darauf, daß das Kind in den Prozeß des Auffindens der wirklichen Interessen so früh als möglich aufgenommen wird.

Schleiermachers *Gegenwirkung* mag also in bestimmten Fällen die Akzente setzen, mag sich gegen Tendenzen, kurzfristige oder kurzsichtige Wünsche des Kindes richten. Aber sie hat ihr pädagogisches Recht nur in einem übergreifenden Diskurs, in Annahme und *Mitwirkung,* in gemeinsamem Suchen des Richtigen für das Kind.

Gegenwirkung ist in der Pädagogik meist als eine Seite der Begriffspaare »Lob und Tadel« und »Lohn und Strafe« behandelt worden. Als Paare und gelegentlich auch in einfacher Parallelisierung dieser beiden Paare treten diese Begriffe in pädagogischen Abhandlungen und Nachschlagewerken auf (vgl. z. B. schon Münch I, 72 und II, 120). Die umgangssprachliche Verknüpfung täuscht leicht darüber hinweg, daß es sich hier nicht um Gegensatzpaare konträrer Natur handelt (wie etwa ›warm und kalt‹ oder ›lang und kurz‹, die sich wechselseitig definieren), sondern um psychologisch und pädagogisch sehr verschiedene Phänomene, sowohl was die Verwendung wie was die Verarbeitung anbelangt (vgl. Lewin 1931; Geißler 1973, S. 127). So ist von der Strafe – die im staatlich-rechtlichen Leben eine große Rolle spielt, während der Lohn dort auf vergleichbare Weise nicht vorkommt – in der Pädagogik durchaus strittig, ob sie überhaupt zu den ›Mitteln‹ der Erziehung gehört oder ob sie nicht eine ›ultima ratio‹ der Auseinandersetzung darstellt, jenseits der Grenzen dessen, was wir Erziehung nennen (Scheibe 1967). Aber auch die Belohnung ist pädagogisch problematisch. Lohn und Strafe, so hat schon Gaudig (1930) gesagt, erzeugen den *Wunsch nach Belohnung* (oder das Kalkül auf den Lohn) und die *Angst vor der Strafe,* also Motive, die nicht geeignet sind, die Selbständigkeit und das Sachinteresse des Kindes zu fördern, ja die im Grunde Selbständigkeit hintertreiben. Auch von dem behavioristischen Ratschlag, immer nur zu belohnen, ist deswegen nicht viel zu halten, weil er darauf hinausläuft, daß für das eine *mehr,* für das andere *weniger* Lohn zugeteilt wird, daß also die Abstufung der Belohnung als Differenzierungsmittel eingesetzt wird. Die Wirkung aber bleibt: daß das Kind um des Lohnes und nicht um der Sache willen und aus eigenem Antrieb sich so oder so verhält.

Die Belohnung ist nicht in einen Topf zu werfen mit dem Lob, der *Anerkennung* kindlicher Tätigkeiten, kindlichen Könnens und Verhaltens. Wiederum hat der Behaviorismus hier Unklarheit gebracht, indem er alle positiven Aktionen – Schokolade schenken, eine gute Zensur geben, Lob austeilen – »Verstärkungen« nennt. Die Fähigkeit des Erwachsenen, die Lebensäußerungen des Kindes wahrzunehmen und anzuerkennen, sie positiv aufzunehmen und dieses das Kind auch spüren zu lassen, ist aber qualitativ etwas anderes als das Stück Schokolade, das das Kind für sein Wohlverhalten oder für eine Schulzensur bekommt. Das eine ist ein *Akt der Kommunikation,* der persönlichen Bestätigung und Zuwendung, das andere nimmt leicht den Charakter einer *Bezahlung* an, mit der die Sache abgegolten und persönlich beinahe neutralisiert werden kann. Materielle Belohnung kann man allenfalls dort einsetzen, wo auch gegen Bezahlung nichts einzuwenden wäre.

Das Lob hingegen ist ein empfindliches Moment der Kommunikation. Es wird auf seine Wahrhaftigkeit abgehört und eventuell als Scheinlob zurückgewiesen. Es gilt nur, wenn der Lobende dem Gelobten etwas gilt. Es hat diffizile Rückwirkungen, wenn es vor anderen, womöglich für andere mit ausgesprochen wird. Es kann beglücken und erheben, aber auch belasten und isolieren.

Eine andere Bedeutung wieder hat der *Tadel,* auch er ein empfindliches Instrument. Auch er setzt ein persönliches Verhältnis voraus, eine Anerkennung des Tadelnden, mindestens seiner Definitionsmacht, ohne die der Tadel zum einen Ohr herein-, zum anderen hinausfliegen würde. Zugleich belastet er dieses Verhältnis, vor allem als permanenter Tadel oder als ein solcher, der das Ganze abwertet, etwa eine Arbeit im ganzen herabsetzt, statt ihre Mängel differenziert zu nennen und womöglich mit anderen, besser bewerteten Zügen der gleichen Arbeit abzuwägen (Geißler, S. 143). Pädagogisch brauchbar ist er nur – wenn man einmal absieht von dem darin ausgedrückten Anspruchsniveau –, insofern er die Aufforderung und Möglichkeit enthält, das Getadelte zu korrigieren; insofern er also nicht entmutigt, sondern den Weg zur Verbesserung weist. Auch hier ist ›Gegenwirkung‹ erzieherisch nur brauchbar, wenn sie in *Mitwirkung,* in die Hilfe zur Besserung eingebettet ist.

Grenzziehung

Wenn »Strafe« als pädagogisches Mittel prinzipiell umstritten, »Tadel« aber wenig ergiebig ist, so ist damit freilich das Feld der Gegenwirkung noch keineswegs abgeschritten. Ein anderer Begriff, mit dessen Hilfe sich die Problematik der Einschränkung des Kindes weiter erörtern läßt, ist der der »Grenzziehung« (im Englischen: limit-setting).

Grenzen für Kinder sind (erstens) dort zu ziehen, wo eindeutig Gefahren drohen. Wir haben bei der »Behütung« schon davon gesprochen. Enge und Weite dieser Grenzen sind freilich, wie wir wissen, eine Sache der Auffassung und der eigenen Ängste der Erwachsenen. Kinder *müssen* etwas wagen und können nie ganz aus der Gefahrenzone bleiben. Diese Gefahren den Kindern dadurch gegenwärtig zu halten, daß man ihnen entsprechende *Angst* macht, nur weil man ihnen das entscheidende *Verbot* ersparen will, ist gewiß nicht der richtige Weg. Man kann den Kindern dieses Verbot erklären. Aber man muß auch selber dazu stehen können, daß die Kinder nicht erst am geschehenden Unglück zu lernen haben, sondern daß schon das Verbot selber als ein sachlich begründetes die Grenze eindeutig setzt.

Grenzziehung ist (zweitens) dort nötig, wo ohne solche Grenzen Menschen verletzt, geplagt, gekränkt würden. Es ist leider nicht so, daß sich Kinder gegen Alte und Schwache stets erträglich verhalten. Es ist auch nicht so, daß sie ihre Konflikte und soziale Abhängigkeiten stets selber regulieren können – das war eine Wunschbehauptung der ›Antiautoritären‹. Es gibt unter Kindern nicht nur Abhängigkeit und Tyrannei, sondern leider auch sadistisches Quälen und furchtbare Unterdrückung, die der Erwachsene, wo sie ihm sichtbar werden, verhindern muß. Nur wer in seiner eigenen Kindheit nicht solche Brutalitäten gesehen, wer nicht erlebt hat, in welche lebensabschnürende Bedrängnis Kinder einander bringen können, kann da blauäugig von »Selbstregulierung« reden.

Leo Tolstoj berichtet aus seiner radikal antipädagogischen Zeit von einem Diebstahl unter seinen Schülern: »Wir überließen es den Kindern, die Art der Strafe festzusetzen: die einen wollten ihn unbedingt verhauen, die anderen verlangten, man solle ihm die Aufschrift ›Dieb‹ an den Anzug heften. ... Wir gingen darauf ein, und als ein Mädchen die Aufschrift annähte, sahen die Kameraden mit boshafter Freude zu und verhöhnten den Schuldigen. Sie forderten sogar eine Erhöhung der Strafe: man solle sie durchs Dorf führen und sie die Aufschrift bis zu den Feiertagen tragen lassen. ... Der Hauptverbrecher aber, mit seinen harten Zügen im klugen Gesicht, seiner schiefen Nase, blickte boshaft und wild auf die sich freuende Schar. ... Die Mütze mit dem zerrissenen Schild saß auf dem Hinterkopf, seine Haare waren zerzaust, sein Anzug mit Kreide beschmiert. ... Ohne sich umzusehen, mit gesenktem Kopf und einem, wie mir schien, ›verbrecherischen‹ Gang, lief er nach Hause. Die Kameraden folgten ihm und neckten ihn auf eine unnatürliche grausame Art, fast gegen ihren Willen, wie von bösem Geist getrieben. Ich fühlte es – es war nicht gut. Doch blieb alles beim alten. Seit dieser Zeit lernte der Knabe schlechter und bei den Spielen der Kameraden sah man ihn nicht mehr.«

Nach einem weiteren Diebstahl inszenieren die Schulkameraden die gleiche Strafe. Ein älterer Junge hält ihm eine Strafpredigt und sagt ihm eine schlimme Zukunft voraus. »Ich ärgerte mich, auch über den Dieb. Ich sah ihm ins Gesicht, das noch bleicher, noch leidender, noch härter war, dachte plötzlich an Sträflinge und – schämte mich. Ich riß ihm die dumme Aufschrift ab, befahl ihm fortzugehen...« (Hessen 1929, S. 10.)

Nun mag man sagen, das Eingreifen des Erwachsenen, das Grenzziehen werde hier nichts nützen, solange die *Quellen solchen Verhaltens* nicht gestopft, die *Gründe* dafür nicht aufgedeckt sind. Sie sind ja gewiß nicht in einem genuinen Charakter der quälenden Kinder zu suchen, sondern in Ereignissen und Bedingungen, die das Leben auch dieser Kinder schon vergiftet haben. Dem nachzugehen und hier vielleicht Besserung zu schaffen, kann in der Tat die längerfristige und wichtigere Aufgabe des Erziehers sein. Aber im Moment muß er handeln. Und es zeigt sich auch hier: Der Freiraum, den die Nicht-Erziehung, die Abstinenz der Erwachsenen bringen soll, saugt eventuell Freiheitsbedrohung und Vergewaltigung aus anderen Quellen an.

Die Ordnung, die der Erzieher durch Vorgabe von sozialen Regelungen (oder auch durch Sorge für die Aufrechterhaltung von selbstbeschlossenen Regelungen der Kinder) schafft, ist eventuell schon deshalb unerläßlich, weil die Kinder sonst anderen Zwängen und Machtausübungen anheimfallen, die sehr viel schlimmere Unfreiheit mit sich bringen können.

Grenzen sind aber (drittens) auch noch an anderen Stellen legitim, als wo Gefahren drohen oder Kinder voreinander in Schutz genommen werden müssen. Es gibt nun einmal Grenzen, die das gemeinschaftliche Leben, die gemeinsame Sitte, gemeinsame Dinge und Geräte erfordern. Es gibt Grenzen der Belastbarkeit, auch solche, mit denen wir unsere eigenste Sphäre bezeichnen, die das Kind um so leichter anerkennen kann, je eindeutiger wir selber *seine* Sphäre, auch seine Ruhe oder sein Eigentum, respektieren.

Hier herrscht natürlich mehr Willkür in der Grenzziehung als in den vorher genannten Bereichen; man kann sie durch zweckmäßige Regelungen, durch Absprache mit den Kindern mindern und zu gemeinsamen Regeln überführen. Man wird das, was die zuletzt genannten Grenzen einfrieden, schon deswegen möglichst knapp halten, weil für die Kinder und für ihre Entwicklung wichtig ist, gerade den persönlichsten Bereich der Erwachsenen als symbolischen Teil ihrer Zuneigung und ihres Großwerdenwollens in Anspruch zu nehmen.

> Aber es übersehen, beiseite schieben, darüber hinwegtäuschen kann man nicht. Manche Mutter mag diese Grenzen nicht wahrhaben, mag nicht anerkennen, daß es unreife, unerfüllbare, auch unzumutbare Wünsche des Kindes gibt, bei denen sich ein Verbot, ein »tragischer Zusammenstoß«, wie Korczak es nennt, nicht vermeiden läßt. »Und eben so wenig kann der noch weit tragischere Zusammenprall von zwei verschiedenen Wünschen, von zwei Rechten auf einem gemeinsamen Aktionsfeld vermieden werden. Das Kind möchte eine brennende Kerze in den Mund nehmen – ich darf das nicht zulassen; es will ein Messer haben – ich fürchte, es könnte sich verletzen; es streckt die Hände nach einer Vase aus, um die es mir leid wäre; es möchte mit mir Ball spielen – aber ich will ein Buch lesen. Wir müssen die Grenzen seiner und meiner Rechte abstecken«; nicht alle Situationen sind durch Einfühlung und Nähe zu meistern. (Korczak 1967, S. 47.)

Nun erhebt sich freilich, wenn es denn solche Grenzen geben muß, die Frage, was der Erwachsene tut, *wenn diese Grenzen überschritten werden.* Denn fast ebenso unvermeidlich wie die Grenzziehung selber ist es, daß Kinder gegen solche Grenzen anrennen. Was geschieht bei den Grenzverletzungen? Setzen dann »Strafen« ein? Oder die sublimeren Mittel, zum Beispiel, wie man häufig sagt, »Liebesentzug«?

Zunächst zu diesem letzten: das Wort »Liebesentzug« ist ein zumindest gedankenloses, wenn nicht gar inhumanes Wort. Liebe ist ein

Gefühl gegenüber einem anderen Menschen, das sich nicht kommandieren und das sich deswegen auch nicht zu irgendeinem Zweck entziehen läßt. Man kann allenfalls mit den Liebesbeweisen oder den äußeren Kundgaben dieses Gefühls verschwenderisch oder zurückhaltend umgehen. Man kann auch verletzt sein und das dem Kind mehr oder weniger zeigen. Daß aber Liebe, sofern sie diesen Namen verdient, »entzogen« werden könnte und das noch zu bestimmten Zwekken, das scheint mir eine unsinnige Aussage, eine Empfehlung aus dem Geist der Gefühlstechnologie.

Was aber steht zur Verfügung, wenn das Kind die gezogene Grenze verletzt? *Fritz Redl* hat in seinen Abhandlungen über das Grenzproblem in der Erziehung (1971, S. 203ff.) und über die Steuerung aggressiven Verhaltens (1976) ohne Systematik gleich zwanzig verschiedene Möglichkeiten genannt, wie man auf solche Grenzverletzungen reagieren kann. Das beginnt mit einem feinen Zeichen an das Kind, daß man die Verletzung bemerkt habe, einer Erinnerung nur, daß hier die Grenze erreicht oder überschritten ist. Das geht weiter über Mahnung oder Besprechung, über Änderung des sozialen Kontexts; über den Versuch, gemeinsam den Zwang oder die Lust zur Grenzüberschreitung zu erkennen. Es zeigt dann Hilfen für das Kind, über die Grenzlinie wieder zurückzukommen, vielleicht ohne das Gesicht zu verlieren, ohne vor anderen als weniger mutig dazustehen. Regelrechte Strafen schließlich sind allenfalls ein letztes Mittel, ein unschönes, wie wir uns oben klargemacht haben, meist nutzlos übrigens (darin der Kriminalstrafe ähnlich), aber eines, das zum Beispiel in einer Gruppe, auch der anderen wegen, die diese Grenzübergänge mit Neugier verfolgen, eventuell nicht vermieden werden kann.

Grobe und feine Mittel

Ist es nun wahr, wie die Erziehungsgegner sagen, daß alle diese Methoden auf das gleiche hinauslaufen, ja im Grunde nur verfeinerte oder raffinierte Formen der Umgehung von Gewaltakten sind, Formen, in denen das Kind womöglich noch stärker manipuliert wird als mit der direkten Anwendung von Gewalt?

Wenn ich mit dem Kinde daran arbeite, daß es über die Grenze zurückfindet, wenn ich es erinnere an den Sinn und die Notwendigkeit dieser Grenzziehung, wenn ich mit ihm Barrieren beiseite räume, die ihm im Wege stehen, so arbeite ich nicht nur mit »Gegenwirkung«, sondern zugleich mitwirkend, unterstützend an seiner Möglichkeit, das Richtige zu tun.

Grobe oder rohe Mittel bringen grobe Reaktionen, letztlich grobe oder rohe Charaktere hervor. Ein Kind, das durch ein feines Zeichen vernehmen kann oder daran erinnert werden kann, daß es dabei ist, eine Grenze zu überschreiten, wird nicht »raffinierter unterdrückt«, sondern einfach feiner angesprochen als ein solches, das schwere Strafen gewohnt und nur durch solche noch zu bewegen ist. Selbstverständlich kann auch das feinere Instrumentarium, der warnende Blick oder die psychologisch sorgfältige Erklärung, ebenso *mißbraucht* werden wie die groben Lenkungsmittel; mißbraucht zur ständigen Beschämung, zur Erzeugung eines schlechten Gewissens auch schon bei kleinen Abweichungen oder zur Knüpfung einer starken Leine psychischer Abhängigkeit. Mißbrauchen lassen sich, leider, alle Gefühle und alle Beziehungen zwischen Menschen, die feinen ebenso wie die groben. Aber die psychische Abhängigkeit von den Eltern, Empfindlichkeiten und schlechtes Gewissen, zuweilen bis über den Tod der Eltern hinaus – wer will behaupten und wer kann beweisen, daß sie ein Produkt der Erziehung sind? Sie haben *vielleicht* etwas mit dem Nichtfreigeben zu tun. Aber sie sind doch im wesentlichen im Unbewußten verankerte Bindungen, die aus dem Eltern-Kind-Verhältnis als solchem, nicht aus Erziehungshandlungen erwachsen sind.

Das Problem der Strafe als einer immer heiklen, selten in die »Erziehung« integrierbaren Handlung wollen wir uns noch an einer Episode deutlich machen, die *Peter Härtling* in seiner Erzählung *»Nachgetragene Liebe«* berichtet, einem Buch ernster und tiefer Auseinandersetzung mit der eigenen Kindheit und dem Verhältnis zu seinen Eltern. Der Junge hatte in einem kleinen Zirkus einen Clown gesehen, der auf wunderbare Weise auf einer winzigen Mundharmonika spielte, und sein ganzer Wunsch geht nun dahin, auch eine solche Mundharmonika zu besitzen. Dieser Wunsch wird so mächtig, daß er schließlich vom Küchengeld seiner Mutter eine Mark entwendet, um sich eine solche Mundharmonika zu verschaffen. Der Diebstahl wird entdeckt, geleugnet, die Schuld durch inquisitorische Befragung schließlich zutage gebracht. Das Strafen muß dann der Vater übernehmen.

»Er straft mich; anders, als ich es erwarte. Er nimmt mich nicht zur Kenntnis, schließt mich aus seiner Gegenwart aus. Bei Tisch bin ich für ihn ebenso Luft wie am Abend im Wohnzimmer oder bei den Großeltern. Er sitzt mir gegenüber und sieht mich nicht. Er geht an mir vorbei und sieht mich nicht. Er steckt die anderen, selbst die jüngere Schwester, damit an. Ich höre sie, aber wenn ich mit ihnen rede, hören sie mich nicht. Ich sehe sie, doch ich bin für sie nicht vorhanden. Vielleicht wollen sie mich verrückt machen? Vielleicht wollen sie mich aus der Welt schweigen?... Er hielt die Strafzeit länger als eine Woche durch. Das Schweigen wurde sichtbar. Es sank auf die Diele, auf die Möbel, auf uns. Wir bewegten uns langsamer, vorsichtiger, um die gewalttätige Stille nicht zu stören. ... Seit dieser stummen Kur kann ich den Satz ›Er schweigt ihn tot‹ nicht mehr lesen, geschweige denn schreiben, ohne daß mich schaudert.« (S. 21 ff.)

Eine Erziehungsstrafe soll das sein, geboren aus der Sorge, daß das Kind mit diesem Diebstahl auf einen schlechten Weg geraten könnte, und aus der Absicht, ein deutliches Warnzeichen ein für allemal aufzurichten. Eine Strafe aber, die, wie die meisten Strafen, niederschlägt, das Leben abschnürt, die Möglichkeit der Einsicht, der Auseinandersetzung mit der Verfehlung blockiert, kurzum das Kind, statt es in der Nähe der Eltern und ihrer moralischen Maßstäbe zu halten, von ihnen wegstößt. Wird das Kind nun nie wieder stehlen? Und wird ihm bei künftigen Versuchungen gegenwärtig sein, daß es damit etwas Schlechtes tut? Oder wird ihm die Angst, die Kränkung gegenwärtig bleiben, lebenslänglich, so daß sie noch dem Fünfzigjährigen die Hand zittern läßt, wenn er von diesem gräßlichen Schweigen berichtet?

Strafen müssen – so ist hier noch zu ergänzen zu der Skala von Gegenwirkungen und Grenzmahnungen, die Fritz Redl aufgezeigt hat – auch Strafen müssen, wenn sie denn überhaupt zur Erziehung eingesetzt werden und pädagogisch gerechtfertigt sein sollen, eine aufbauende Komponente haben, mit der sich die Verletzung der Grenze und die Verletzung der Beziehung überwinden läßt. Sie müssen auf das Wiedergutmachen, Wieder-in-Ordnung-bringen der Situation verweisen. Und sie müssen die Wiederherstellung des Vertrauens zwischen Erwachsenem und Kind anbahnen, statt es weiter und nachhaltiger zu verstören. Auch hier also hat die Gegenwirkung allein kaum Sinn. Die Strafen als Sühne, als Rache, als Schadenzufügen, als Abschreckung – sie alle haben in der Erziehung keinen Ort.

Zwei Beispiele

Wir haben das Problem der »Gegenwirkung« bisher mehr an den Grenz- und Konfliktstellen der Erziehung behandelt als am alltäglichen Verkehr zwischen Erziehern und Kindern. Dieser Verkehr ist, wie jeder offene Umgang zwischen Menschen, von Stellungnahmen und Urteilen durchzogen. Die Probleme des urteilenden Umgangs mit Kindern können wir wiederum nur allgemein charakterisieren, indem wir die Fehlformen auf der einen wie auf der anderen Seite nennen. Vom frühen Alter des Kindes an ist es das Wissen, die Überlegenheit, das fertige Urteil der Erwachsenen, das sich gar zu leicht dem Kind einfach oktroyiert – ohne die Denkformen des Kindes, sein Suchen und seine Originalität wahrzunehmen. Auf diese Weise entsteht kein Austausch zwischen Erwachsenen und Kindern. Auch ein verstehendes *Lernen durch Kinder* – davon soll später noch die Rede sein – kommt nicht auf. Die eigenen Urteile des Kindes können dann nur in Trotz und Ablösung, nicht im Austausch mit den Erwachsenen entstehen.

Und auf der anderen Seite steht das resignierte Schweigen des

Erwachsenen, wenn ihm im Urteil der Jugendlichen, in ihren Moden oder Verhaltensformen Ansichten und Haltungen entgegentreten, die er als banal und stillos, als modisch-unpersönlich bewertet und die ihn, nach häufigem Scheitern des Gesprächs, zum Rückzug und zur Sprachlosigkeit treiben. Der Disput wird aufgegeben, die Stellungnahme bleibt unausgesprochen. Aber wie sollen Kinder über ihre versuchsweisen Moden hinweg zu besserem und eigenem Urteilen kommen, wenn auf ihre Position nicht mehr eingegangen wird, wenn sie nicht durch Für und Wider herausgefordert werden?

Zwei Beispiele noch, die die Spannweite des Stellungnehmens und Gegenwirkens zeigen sollen:

»Mein fünfjähriger Sohn Thomas greift ab und zu noch gern zum Fläschchen. Das hatte uns lange Zeit kaum gestört; im Sinne einer gewährenden, triebfreundlichen Erziehung hatten wir auch gemeint, ihm dies nicht verwehren zu sollen – abgesehen von einem gelegentlichen väterlichen Brummen: ›Muß das denn sein?‹ Kritisch wurde es, als der Sohn eines Morgens kategorisch erklärte, er wolle erst nächstes Jahr zur Schule gehen. Das alarmierte mich, und ich sagte, mich plötzlich an Watzlawicks ›paradoxe Intention‹ erinnernd: ›Haben wir noch das Gitterbettchen im Keller? Dann wollen wir es wieder heraufholen und Thomas soll wieder im Gitterbettchen schlafen und immer sein Fläschchen trinken und immer ein Baby bleiben.‹ Thomas amüsierte sich überlaut über diesen Vorschlag und verlangte nach seinem Bastelmaterial. Er wollte eine Eisenbahn aus Korken bauen.« (Bittner 1981, S. 31.)

Es geschieht hier eine Art Gegenwirkung auf symbolischer Ebene. Die Eltern haben in dem Fläschchen nicht nur den fortdauernden Wunsch nach einer frühen Form oraler Befriedigung gesehen, sondern auch eine Art symbolischer Selbstdefinition: Ich bin der Kleine (gegenüber seiner Schwester), ich will der Kleine bleiben. Die Steigerung nun – ich will auch so bald nicht zur Schule – »alarmiert« den Vater. Er fürchtet offenbar, hier könne das Kind auf eine Festlegung zusteuern, die ihm die Bereitschaft, sich einschulen zu lassen, unnötig erschwere. Das scheint ihm Grund genug zu einem an sich nicht unproblematischen Weg, nämlich dem der Ironie, oder, wie er selbst sagt, zur »paradoxen« Übertreibung der symbolischen Selbstdefinition des Kindes. Diese Übertreibung macht das Kind lachen; offenbar wird ihm bewußt: »Ich bin nicht nur ein Baby, ich bin auch ein Bastler, ich baue eine Eisenbahn.«

Wie immer bei einer solchen kurzen Geschichte kennen wir nicht genug vom Kontext, um zu sagen, ob dies richtig gehandelt, ob die ironisierende Übertreibung hier am Platze war. Man kann sich aber an dem Beispiel klarmachen, daß in diesem Problem von Entwicklung und Regression, Nach-vorne-schauen und Zurückbleiben-wollen, die Eltern als Gegenüber mit im Spiel sind und sich als wertende Partner auch nicht heraushalten können. Normalerweise ist in Familien, in denen nicht noch jüngere Kinder ein Fläschchen benötigen, jenseits des dritten Lebensjahres eine Baby-Flasche nicht mehr vorhanden. Also schon dieses Baby-Spielen mit dem Fläschchen hat seine Voraussetzung in einem beobachteten Bedürfnis und in Überlegungen der Eltern, daß dem Kind solche symbolischen Rückgriffe auf eine frühe Befriedigungsform guttun und möglich bleiben sollten. Wenn das Kind aber, vielleicht wiederum nur versuchsweise, aus dem Spiel eine Art Festlegung oder Verweigerung von Anforderungen machen will, die durch die bevorstehende Einschulung auf es zukommen, so findet der Vater, er müsse dem, auch nur auf der Ebene spielerischer Symbolik, entgegenarbeiten. Und er hat für dieses Mal Erfolg – wir erfahren nicht, ob es eine wiederkehrende Thematik bleibt, ob weitere solche Versuche vom Kind gemacht werden und ob darin vielleicht doch eine Angst vor der Schule steckt, die in der Entwicklung begründet ist und ernster genommen zu werden verdient, als es diese Geschichte vermuten läßt. Gegenwirkung also gegen das Umsichgreifen einer Regression; Unterstützung zugleich für die bevorstehende Einschulung, die damit vorbereitet und erleichtert wird, weil sie nach Meinung der Eltern – auch das ist eine »pädagogische« Entscheidung – fällig ist und nicht aufgeschoben werden soll.

Ein weiteres Beispiel, an dem wir die Gedanken über die »Gegenwirkung« fortführen wollen, entnehmen wir wieder der autobiographischen Erzählung von *Peter Härtling*. Die fortgesetzte Entfremdung und das Nicht-miteinander-reden-können von Vater und Sohn führen dazu, daß auch im politischen Zeitgeschehen der Sohn das Leiden der Eltern unter dem Nationalsozialismus, den Kriegsvorbereitungen und der wachsenden öffentlichen Brutalität nicht als seine Sache ansehen kann. Er hält es mit dem Neuen, mit der Vitalität und brutalen Jugendlichkeit der Machthaber. Und er befreundet sich mit einem Jungen namens Nemec, der ihm eigentlich nicht gefallen kann, der ihn aber in seiner Robustheit und seinen HJ-Beziehungen als Verkörperung der neuen Zeit fasziniert.

Und nun beginnt ein leiser Kampf der aufgeschreckten Eltern um das Herz und die Gesinnung des Jungen. Er bringt Nemec, den jungen Nazi, mit nach Hause. Die Eltern merken plötzlich, in welches Fahrwasser er gerät, und sie suchen mit ihren Mitteln dagegen anzugehen. Zunächst die Mutter, indem sie ihm klarmachen will, daß jener Nemec doch ein wirklicher Freund, ja sein »bester Freund« unmöglich sein könne. Dann der Vater, der zum ersten Mal seinen Sohn mitnimmt auf eine Reise, auf der er sich um das Schicksal eines jüdischen Klienten kümmern muß und auf der sich ein Stück der Angst und der Lebenssituation dieser Verfolgten dem Jungen mitteilt.

Beide Versuche der Eltern konnten nicht glücken. Bei beiden

Eltern hatte der Sohn schmerzvolle Erfahrungen der Unglaubwürdigkeit gerade gemacht. Mit beiden sind die Zusammengehörigkeit und das Sprechen-können schon zu sehr beschädigt. So können diese Bemühungen, den Sohn vor dem Abrutschen in die braune Kumpanei zu schützen, kaum Erfolg haben.

Oder haben sie, hinter der Verstockung und Ablehnung, nicht doch Erfolg gehabt? Hat die Art und Weise, wie sich diese Gespräche und die Begegnung des Vaters mit dem jüdischen Klienten ins Gedächtnis des Sohnes eingeprägt haben, nicht doch etwas Wichtiges und Nachwirkendes zu seiner Auseinandersetzung mit der Hitler-Zeit beigetragen? Ist die Tatsache, daß die Mutter damals seiner Nazi-Beziehung widerstanden hat und daß der Vater, der über die trennende Schlucht hinweg doch noch geliebte Vater, sich der braunen Herrschaft widersetzt und sie mit seiner Anwalts-Tätigkeit, mit seinen bescheidenen Kräften irgendwo durchlöchert hat, für die Lebensgeschichte Härtlings nicht von großer Bedeutung geblieben?

Die übliche, liberal-pädagogische Weisheit hätte hier gelautet: Laß dein Kind seine Freunde selber wählen, auch wenn es dir schwerfällt, und akzeptiere diese Wahl! Und: Laß deine Kinder ihre Weltanschauung, ihre politische und religiöse Orientierung selber suchen; unterstütze alle Regungen ihrer Selbständigkeit!

Das ist eben nur so weit richtig, wie es die Wahrhaftigkeit der Eltern selber erlaubt.

»Du hast mir, ich bin sicher, mit dieser Fahrt zu Herrn Glück auf Nemec antworten wollen. Das konnte dir nicht gelingen, Vater. Du hättest reden, dich redend mit dem Unglück des Mannes verbinden müssen. Du hättest, gegen meinen Unglauben, erzählen müssen, was ihn in Theresienstadt erwartete. Wahrscheinlich fürchtetest du meine Fragen, meinen naiven, von Nemec und anderen bestärkten Widerstand. Ich begriff deinen Mut und deine Herzlichkeiten nicht. Ich fragte mich nur, wie du dazu kamst, Herrn Glück, einen Fremden, zu umarmen.« (S. 103 f.)

Mag nun das Gespräch, das die Mutter mit ihrem Sohn über seine Freundschaft suchte, mag die Aktion des Vaters, seinen Sohn zu diesem Treffen mit einem jüdischen Klienten mitzunehmen, geeignet oder untauglich gewesen sein, den Sohn etwas von der politisch-moralischen Situation spüren zu lassen, in der die Eltern standen: das gilt hier gleichviel. Die Szenen aber können uns deutlich machen, daß es in den Fragen, die an die Existenz rühren, kein Ausweichen gibt und daß nur eine total versagende, ihre eigenen Gesinnungen nicht mehr ernst nehmende oder völlig resignierende Eltern-Generation es unterlassen kann, mit der jüngeren darum zu ringen, daß diese Gesinnungen nicht untergehen. Insofern als dieses Ringen nicht nur ein Durchsetzen und Erhalten-wollen der eigenen Position ist, sondern eine Sorge um den Glauben und die Humanität der Kinder-Generation, um deren Zukunft und darum, wie die Welt künftig aussehen soll, enthält es etwas von dem, was wir als das Unerläßliche der Erziehung bezeichnen.

5.3. Unterstützen – Verstehen – Ermutigen

Die Unterstützung des Kindes ist der größte und wichtigste Teil der Erziehung. Unterstützen heißt: etwas fördern, was ohnehin geschieht. Es geschieht ja ohnehin, daß Kinder aufwachsen, biologisch reifen, den Gebrauch ihrer Sinne und ihrer Glieder erlernen; daß sie in der Gemeinschaft der Erwachsenen und der größeren Kinder mitmachen und etwa den Platz dort einnehmen, den diese Gemeinschaft ihnen zuweist; daß sie die Sprache und die anderen Symbolsysteme ihrer Umgebung übernehmen – dies alles und vieles mehr geschieht »ohnehin«, in allen Völkern und Kulturen. »Erziehung« tritt nun auf mit dem Anspruch, daß dieses ohnehin Geschehende nicht ausreicht. Seine Naturwüchsigkeit soll in eine gewisse Ordnung gebracht oder gar durch eine Ordnung ersetzt werden. Es solle mehr oder besseres zuwege gebracht werden als das, was der unbewußte und unregulierte Prozeß des Mitlebens und des Hineinwachsens in die jeweilige Gesellschaft von sich aus zuwege brächte.

Das tönt nach Anmaßung, und die hybriden Ansprüche von Lebenslenkung und Menschen-Drechselei kamen ja schon in den Dokumenten der Schwarzen Pädagogik zu Wort. Aber dort wurde ja auch deutlich, daß es nicht nur rationalistischer Hochmut war, der die alten Erziehungsformen des Weitergebens von Wissen und Können der Eltern an ihre Kinder abgelöst hat. Das Haus und der Alltag haben die Vollständigkeit des Lebens und Leben-Lehrens eingebüßt, haben die Berufs- und Arbeitswelt an andere Orte abgegeben. Was man lernen muß, ist vielfältig und kompliziert geworden. Es ist ohne Systematik, ohne Schule und Lehre nicht mehr zu erreichen. Die Komplexität des Wissens, die Mobilität der Gesellschaft, der technische und soziale Wandel haben dem alten Zustand der Erziehung, der im Zusammenleben und Zusammenarbeiten der älteren und der jüngeren Generation bestand, ein Ende bereitet.

Erziehung als planvolles Lehren, als Hilfe bei der Deutung der Welt und als Unterstützen der kindlichen Entwicklung ist heute also unerläßlich. Sie ist auf familiäre und institutionelle Aktivitäten verteilt. Sie hat mächtige Organisationen ins Leben gerufen und ist mit rationalen Methoden ausgebaut worden. Unmengen von Hilfsmitteln, Spielmitteln, Beratungsmitteln, Ergänzungs- und Korrekturmitteln werden dabei heute benutzt, begleitet von einer unermeßlichen theoretischen und praxisorientierten Literatur. Der Aufwand der Mittel und der Institutionen entwickelt aber leider seine eigenen Gesetze. Erziehung als Unterstützung wird überwuchert durch Planungen und Techniken, die von der Hilfs- und Ergänzungstätigkeit des Unterstützens längst nichts mehr wissen wollen, die vielmehr das Handeln, Denken und

Wollen der Kinder *im ganzen* in die Hand bekommen möchten: *Menschen machen und formen* nach Plan.

Erziehen als Unterstützen aber setzt voraus, daß die eigene Person des Kindes und ihre Entwicklung als etwas Gegebenes angesehen, als etwas Unverwechselbar-Menschliches geachtet werden – ein Selbst, das wir hilfreich begleiten, das wir aber nicht machen oder modellieren sollen. Es gibt heute eine breite pädagogische und psychologische Auseinandersetzung über dieses »Ich« oder »Selbst« des Kindes, über die Art und Weise, wie man seine Individualität bemerken und wie man ihr durch Unterstützung helfen kann, sich zu kräftigen und ihrer selbst bewußt zu werden; weiter, wie man sie mit Lernforderungen und Lebenserfahrungen konfrontieren kann, ohne daß sie von diesen überwältigt und von ihrem eigenen Weg abgedrängt wird. Niemand kann in diesen Fragen absehen von der Erziehung, von den Schul- und Lehrverhältnissen, die er selber genossen und erlitten hat. Niemand wird darin ohne die Beurteilung seines eigenen Weges auskommen und ohne die Reflexion darüber, wie er zu seinem eigenen Selbst gefunden hat, was ihm dabei hilfreich war und was ihn, vielleicht bis heute, in seinem Selbstseinwollen belastet. Man kann aber versuchen, die Argumente und Perspektiven, die sich aus anderen Lebensläufen ergeben, in das eigene Nachdenken mit aufzunehmen.

Dieses Abwägen von Erfahrungen und Gegenerfahrungen hat wiederum *Schleiermacher* schon zu einer Methode der Erörterung pädagogischer Grundverhältnisse und Tatbestände entwickelt. Ich folge hier noch ein Stück weit seinen Gedanken – auf die Gefahr hin, damit vorerst etwas akademisch zu bleiben. Ich will sie, nach einigen grundsätzlichen Klärungen, dann auch wieder auf die heutigen und alltäglichen Probleme beziehen.

Erziehung ist immer der Versuch, Bewußtsein und Vernunft in Verhältnisse einzubringen, die sonst dem *Zufall* überlassen bleiben. Zufall heißt, daß Günstiges und Ungünstiges, Verständliches und Verwirrendes, Angenehmes und Mißliches so auf das Kind einwirken, wie es der Alltag mit sich bringt. Zufall heißt, daß ganz und gar nicht daran gedacht und dafür gesorgt wird, daß das Kind Bedingungen antrifft, die seiner Entwicklung nützen. Das ist das eine Extrem: die Meinung, daß nur der Zufall wirken soll und daß der Rüttelprozeß des Lebens die Kinder selber zurechtrüttelt – *totale Nicht-Erziehung*.

Das Gegen-Extrem wäre, daß »das ganze Leben der Jugend ohne Ausnahme nach bestimmten Regeln geleitet wird, und alle Einwirkungen so erfolgen, daß das Momentane völlig verschwindet, daß nichts den Charakter des ursprünglich-Lebendigen hat« (Schleiermacher, S. 100) – *totale Erziehung*.

Die Hauptübel eines solchen Konzepts hat Schleiermacher schon genannt: Das Kind wird von allem Lebendigen abgeschnitten. Seine

Spontaneität, seine Frische und Lebenslust müssen dabei verlorengehen. Aber auch die Lebenstüchtigkeit, mit der sie gerechtfertigt wird, bringt eine solche totale Erziehung nicht zuwege. In einem Alltag, der durch Lenkung und Überwachung bestimmt ist, kann das Leben mit seinen tatsächlichen Forderungen, mit seinem Wechsel von Regel und Freiheit, von vorgegebenen Zwängen und aufgegebener Selbstgestaltung nicht erlernt werden. In einer Form regulierten Lebens wird auch eines der ursprünglichsten Verhältnisse, die Beziehung zwischen den Generationen, zwischen Erwachsenen und Kindern verzerrt und verfälscht. Es teilt die Generationen in zwei Arten von Menschen, solche, die »die höhere Potenz des menschlichen Lebens« besitzen und deshalb die Regeln geben; und solche, die »nur als untergeordnete Organe gar nicht mit eigenem Leben ausgerüstet« scheinen und deshalb jenen Regeln Folge leisten müssen (S. 101).

Ein solches Verhältnis widerspricht aber der eigenen Menschlichkeit des Kindes; diese wird von der älteren Generation damit den Kindern genommen oder unterschlagen. Das aber würde »auf ein Fortschreiten der Verschlechterung des gesamten Zustandes von Generation zu Generation hinauskommen«. Denn ohne das Beispiel und ohne die Aufforderung zu lebendigem und freiem Handeln, zum Gebrauch der ursprünglichen Freiheit, würde es für die Jugend jeder folgenden Generation schwerer, eine Vorstellung und lebendige Anschauung von gelebter Freiheit zu bekommen. »Von Anfang an mechanisiert, zu aller Freiheit in den Lebensäußerungen ungeschickt gemacht, würde sie für jede Handlung, auch solche, die aus der freiesten Selbsttätigkeit hervorgehen müssen, Regeln verlangen« (S. 102).

Muß es bei dieser einfachen Gegenüberstellung, bei diesen Extremen bleiben: der blanken Zufälligkeit der Nicht-Erziehung auf der einen Seite und der totalen Regulierung, der Lebenslenkung nach Methoden und Gesetzen auf der anderen? Muß man es dem Erzieher überlassen, irgendwo zwischen diesen Extremen seinen Weg zu finden?

Schleiermacher weist darauf hin, daß es verschiedene Bereiche des kindlichen Lebens gibt, die jeweils einer eigenen Form der Unterstützung bedürfen. Die Bildung der Persönlichkeit und der *»Gesinnung«*, wie Schleiermacher es nennt, ist offenbar am wenigsten durch rationale Veranstaltung und systematisches, fremdgesteuertes Lernen zu erreichen. Anders ist es mit dem, was er die *»Fertigkeiten«* nennt, nämlich das Wissen und Können, das einen systematischen Aufbau, eine Gesetzlichkeit und ein »durch die Regel gebundenes Leben« am stärksten braucht. Man kann das auch so formulieren: einen *»Charakter«* durch bewußte und methodische Veranstaltung zuwege zu bringen, kann nicht gelingen. Ein Charakter kann im Leben *sich bilden,* und dafür können Erzieher allenfalls einige Bedingungen zu schaffen suchen, die auch mit ihrem eigenen Leben etwas zu tun haben. Eine *Fertigkeit* jedoch, das Beherrschen von Techniken des Körpers und des Geistes, das Lernen und Können auf den verschiedensten Gebieten der Schule und des Berufs – das bedarf einer Lehre, einer Systematik und richtigen Abfolge. Und es bedarf des Übens, Wiederholens, Anwendens, Kombinierens, also einer Unterstützung, die mit Rationalität vorgeht und die das Können des einen für das Lernen des anderen einsetzt, die also auch das Gefälle, das Oben und Unten nicht scheut.

Im Bereich des Lernens und des Einübens, der intellektuellen und beruflichen Fertigkeit ist also das Planen und Methodisieren, das Herstellen von Anreizen und Lernbedingungen durchaus angebracht. Im Bereich der Persönlichkeit oder der »Gesinnung« bringen solche systematischen und curricularen Arrangements alles das nicht zustande, was sie anzielen. Im Bereich der Persönlichkeitsbildung geht es also offenbar um etwas, das sich mit den Kategorien der Pädagogik und der Antipädagogik nur ganz unzureichend beschreiben läßt und das mit dem Lebensvollzug, mit der Gemeinsamkeit von Erwachsenen und Kindern, mit der Art und Weise ihres Verkehrs und mit der Aufrichtigkeit bei der Suche des richtigen Weges etwas zu tun hat, das aber durch Lehre, Methode oder Technik eher zerstört als gefördert wird.

Bei weiterem Nachdenken läßt sich freilich in der Realität nicht mehr so klar auseinanderhalten, was hier zunächst mit Begriffen unterschieden worden ist. Für die Entwicklung der Persönlichkeit oder auch des Charakters kann das berufliche Können oder die Beherrschung irgendwelcher Interessengebiete eine große Bedeutung gewinnen. Und auf der anderen Seite: Lernen und Können mögen sich methodisieren und einer bestimmten Planung unterwerfen lassen; die Qualität des Ergebnisses ist aber in hohem Grade davon abhängig, ob dies nur äußerlich erlernt worden oder ob dafür ein *Interesse* erwacht ist, das heißt, ob das Gelernte im Lernenden lebendig wurde und ob es ihm gelungen ist, eine Beziehung dazu zu stiften und es seiner Persönlichkeit anzuverwandeln.

Insofern ist auch das Lernen und Können nicht nur ein Äußeres, das man hat, sondern ein Stück der Persönlichkeit, die man ist oder wird. Und andererseits ist die Qualität des Lernens davon abhängig, ob seine Inhalte von der Person erreicht und mit ihr lebendig geworden sind, ob sie sie als Probleme und Gehalte, die sie selber etwas angehen, ergriffen hat.

Dadurch wird die oben getroffene Zweiteilung wieder komplizierter. Die Problematik bewußter Erziehung läßt sich auch aus dem Bereich der Charakter- und Persönlichkeitsbildung nicht heraushalten. Und das Lernen läßt sich nur bis zu bestimmten Grenzen hin planen und veranstalten. Die Lerntheoretiker und Curriculumkonstrukteure hören das nicht gern. Sie versuchen, mit Hilfe der »Motivation« auch diese Klippe des Interesses und der persönlichen Wirkung des Lernens zu überspringen. Aber auch sie bekommen, mit allen ihren Künsten, das Entscheidende nicht in den Griff, nämlich die Gewißheit, daß aus dem Gelernten für den jungen Menschen etwas Wesentliches (in traditioneller Sprache: »Bildung«) werden kann. Die Kunst des Lehrens und ihre methodischen Grundlagen sollen damit gewiß nicht gering geachtet werden. Aber dieses, ob ein Lehrer *Interesse für eine Sache erzeugen,* den Schüler für sie *gewinnen,* vielleicht sogar begeistern kann, ob die Menge von behandelten Stoffen und gegebenen Informationen lebendig, verfügbar, dem Kinde zugehörig werden und eine Bedeutung für das Leben des jungen Menschen bekommen, steht auf einem ganz anderen Blatt.

Das *Regulieren* als erzieherische Tätigkeit kommt also nicht in Betracht, auch wenn es natürlich im Leben der Kinder wie im Leben der Erwachsenen Situationen gibt, in denen die Dinge reguliert werden müssen und faktisch um so mehr von den Erwachsenen reguliert werden, je kleiner die Kinder sind. Das hat mit Erziehungstätigkeit noch nichts zu tun, auch wenn man den Namen »Erziehung« für solche Regulationen in Anspruch nimmt.

Dem Zufall überlassen – auch das kann nicht als Erziehungstätigkeit angesehen werden, es sei denn, es wird von den Erziehern eine Reflexion darüber angestellt, in welchen Bereichen wirklich der Zufall herrschen, das heißt alles das auf die Kinder einwirken soll, was in diesen Bereichen geschieht. Natürlich nimmt sich der Zufall sein eigenes Recht, und die Lern- und Erfahrungssituationen, von denen kein Erzieher etwas weiß, sind in jedem Kinderleben Legion.

Aber: die Kinder lernen und erfahren zwar etwas aus jedem Stück der Realität; dennoch ist nicht alle Realität lehrreich. Die Behauptung, *Erfahrung mache klug,* gehört zu der banalen Sprichwörter-Pädagogik und stimmt ebensowenig wie diejenige, daß sich ein Häkchen beizeiten krümmen müsse oder daß die Ohren eines Jungen auf dem Rücken sitzen. *Erfahrung kann klug machen oder dumm.* Gemachte Erfahrungen können in die Irre führen, können neuen, besseren Erfahrungen im Wege stehen – wir haben oben unter dem Thema »Behüten« schon einige Überlegungen darüber angestellt.

Zwischen diesen Extremen also liegt das, was hier Unterstützung genannt wird: das Bestreben, das Kind so viel positive Erfahrungen wie möglich machen zu lassen und ihm bei negativen oder widerständigen Erfahrungen dort zu helfen, wo es Hilfe braucht. Daß es dafür Bereiche gibt, die *Methodik* brauchen, *Regeln* und eine bestimmte Ordnung, andere Bereiche wieder, die das ganz und gar nicht brauchen können, weil die *Selbständigkeit* gewissermaßen ihre Lebensader ist, das haben wir an dem Gegensatz von »Charakter« und »Fertigkeiten« klarzumachen versucht. Es muß nun inhaltlich noch etwas weiter entfaltet werden, worin die Unterstützung besteht und mit welchen Fragen und Bereichen sie vor allem zu tun bekommt.

Kinder wahrnehmen – von Kindern lernen

Die Hauptform des Unterstützens ist das *Verstehen* von Kindern, die Fähigkeit, auf Kinder einzugehen und ihre Lebensäußerungen und Lernschritte wahrzunehmen. Die intensive und intime Erfahrung, welche Eltern mit der Entwicklung ihres Kindes machen, und das Miterleben seiner Auseinandersetzung mit der emotionalen, sozialen und geistigen Welt, die es umgibt, sind einer Entdeckungsreise zu vergleichen, die stündlich und täglich neue Erlebnisse bringt.

Ich weiß natürlich, daß heute viele junge Menschen Kinder als Bedrohung ihrer Freiheit ansehen und sich auf diese Entdeckungsreise gar nicht einlassen mögen. Ich möchte auch im folgenden so wenig wie möglich normativ sprechen, sondern nur von eigenen Erfahrungen und Auffassungen ausgehen. Ich sollte aber vorausschicken, damit der Leser weiß, woran er ist, daß ich das Ideal der Selbstverwirklichung um den Preis der Liebes- und Hingabefähigkeit, das heißt den Zustand, in dem die Angst vor dem Selbstverlust überwiegt und die Fähigkeit zur Partnerschaft und Kommunikation nicht mehr als Erweiterung des Selbst, sondern als dessen Einschränkung und Gefährdung empfunden wird, zum Kinder-haben und -aufziehen als eine schlechte Voraussetzung ansehe.

Das gilt selbstverständlich für beide Eltern; für beide ist die psychische Bereitschaft, mit Kindern zu leben und mit ihnen zusammen auf die Entdeckungsreise zu gehen, gleichermaßen wichtig. Wenn ich im Folgenden mehr von der Mutter als von anderen Partnern der Kinder spreche, so ist das eine Abkürzung, die zwar den üblichen Verhältnissen, aber nicht meiner Auffassung entspricht. Im Prinzip sollen die Eltern, wie immer sie auch im einzelnen ihre Lebensform regeln und absprechen, die Pflichten und die positiven Erfahrungen des Lebens mit Kindern als ihr Gemeinsames ansehen.

Kinder wahrnehmen und verstehen – das sehe ich nicht als eine »Aufgabe« an, die dazu dienen soll, mit besseren psychologischen Kenntnissen die Kinder besser zu lenken. Ich werte das als Teil dieser Partnerschaft und grundlegenden Erfahrung, die Eltern (und andere Erwachsene) mit Kindern machen können und die, wie alle Erfahrungen gelingender Kommunikation, zu einer großen Bereicherung unserer Existenz, einem wichtigen Stück unseres Selbst werden können. Erwachsene können von dem Austausch und der Erfahrung mit Kindern den gleichen Gewinn haben wie Kinder von dem Austausch mit Erwachsenen, einen Gewinn, eine Dimension des Lebens, die ihnen andere Freundschaften oder Sozialbeziehungen nicht verschaffen können. »Nur von Kindern erfahren wir etwas über Kinder. Unser Verständnis für uns selbst verkümmert sehr stark, wenn wir den Kontakt zur Kindheit verlieren.« (Laing 1980, S. 11.) »Verkümmern« soll nicht besagen, daß man nicht ganz andere humane Erfahrungen dem Umgang mit Kindern vorziehen kann. Es soll nur heißen, daß diese Beziehung mit keiner anderen vergleichbar ist und in ihrer Besonderheit auch durch keine andere ersetzt werden kann.

Natasha [4-jährig]	bist du traurig?
Jutta [die Mutter]	ja
Natasha	bist du traurig über das Leben?
Jutta	ja
Natasha	ich mag dich immer noch (Pause) soll ich deine Mami sein?
Jutta	ach Natasha
Natasha	ich werde deine Mami sein, und du kannst dich eine Weile ausruhen, ja?
Jutta	also gut
Natasha	also gut (Sie drückt sich an Jutta und gibt ihr einen Kuß und läuft weg. Nach ein paar Minuten kommt sie zurück) Ich will nicht mehr deine Mami sein War das schön?
Jutta	Ja. Danke Natasha
Natasha	schon gut. Bist du jetzt ein bißchen weniger traurig?
Jutta	ja

(Laing, S. 32.)

Diese Erfahrung mit Kindern, das Sich-Öffnen für ihre seelische Welt und ihre Ausdrucksweise, das Entstehen und Entwickeln eines Dialogs mit den Kindern setzen freilich die Überzeugung voraus, daß Kinder von uns nicht gemacht und geformt werden, sondern daß sie ein ursprüngliches Selbst mit auf die Welt bringen. Dies kann sich zwar nur in der Ansprache und der Umwelt, auf die es trifft, ausbilden und artikulieren. Aber daß es ein Selbst ist, ein Wesen mit eigenen Bedürfnissen, »unmittelbar zu Gott« (um ein Ranke-Wort abzuwandeln), das ist eine der Grundüberzeugungen und Voraussetzungen dessen, was ich unter Erziehung verstehe. Diese Grundüberzeugung besagt auch, daß man aus Lehrbüchern, Handreichungen, Zeitschriftenartikeln (auch aus diesem Büchlein) weder hinreichende Kenntnisse über das eigene Kind noch Regeln über seine Erziehung beziehen kann. Jedes Kind in jedem Zeitpunkt seiner Entwicklung ist, ebenso wie das Bedingungsgefüge, in dem ich mit dem Kind handeln muß, einmalig, unvertauschbar, nicht zu verallgemeinern.

Aus Büchern über Kinder kann man – vorausgesetzt, daß sie über wirkliche Erfahrungen und nicht nur über Konstrukte und Laboruntersuchungen berichten – zwar insofern etwas lernen, als man durch sie zum eigenen Nachdenken und zu eigenen Wahrnehmungen angeregt wird. Die Erfahrung ist aber stets eine eigene, die sich der Norm unseres Kulturkreises und der Abfolge der Entwicklungsschritte zwar insofern nähert, als diese so etwas wie einen Rahmen üblicher Entwicklung abgeben; sie bleibt aber eine einzelne und einzigartige Erfahrung, die nur im eigenen Umgang (und nie vollständig) zu verstehen ist.

Unterstützen als Wahrnehmung und Verständigung

Die ersten Lebensregungen des Kindes sind bestimmt von seinem elementaren Bedürfnis, ernährt und versorgt zu sein. Die ersten Zeichen an die Außenwelt sind die Kundgabe von Behagen und Unbehagen, die die Mutter zu entschlüsseln und auf die sie zu reagieren versucht. Die ersten Mitteilungen der Mutter an das Kind sind Versicherung ihrer Gegenwart, Versuche der Beruhigung, Antworten auf die Zeichen der Bedürftigkeit. Wie weit sich andere Menschen mit ihren Zeichen und Gebärden an diesem System beteiligen, der Vater oder Geschwister zum Beispiel, das ist in unserer Zeit und Gesellschaft offen. Daß nur ein einziger Mensch, nur die Mutter dem Säugling begegnet, ist bestimmt erst eine späte, durch unsere Zivilisation geschaffene Sonder-Möglichkeit.

Zu einer heftig umkämpften ideologischen Frage ist es eine Generation lang gemacht worden, ob die Mutter eine gewisse Regelmäßigkeit des Stillens und Versorgens anstreben oder ob sie den Bedürfnissen des Kindes nach Nahrung, Hautkontakt und Unterhaltung jederzeit nachkommen soll. Hier fällt eine erzieherische Grundentscheidung; so wurde auf der einen wie der anderen Seite behauptet: Ob man nämlich das Kind dem Rhythmus der Erwachsenen unterwerfen soll (und es damit ein für allemal erziehbar machen) – oder ob man bereit sei, die eigenen Bedürfnisse des Kindes zu beachten (und sich ihm damit, wie die Gegner sagen, ein für allemal unterzuordnen). Der Streit scheint aber vor allem der Ausdruck einer der Prinzipienreitereien zu sein, die einer vernünftig-unterstützenden Erziehung im Wege stehen. Kinder haben, soviel wir wissen, einen binnengesteuerten Rhythmus, den man herausfinden kann. Mütter sind in der Regel, zur Bewältigung ihres Tageslaufs und zum Schutze ihrer eigenen Kräfte, ebenfalls auf eine gewisse Regelmäßigkeit angewiesen. So läßt sich denn meistens, mit einiger Geduld, ein Rhythmus *finden,* auf den Mutter und Kind sich gemeinsam einstellen können – ein erstes Thema wechselseitiger Verständigung.

Diese Verständigung wächst, in immer neuen Formen und Zeichen, von Woche zu Woche an. Die Gebärden, Laute, Versteifungen oder Entspannungen des Körpers, zunehmend auch die Blicke werden von der Mutter als Kundgaben, als Mitteilungen verstanden, auf die sie sich einzustellen, auf die sie zu antworten sucht. Sie sucht diese Zeichen, durch probierendes Handeln und mit zunehmender Sicherheit, zu entschlüsseln und erfährt so vom Kind, was seine Aufmerksamkeit jeweils in Anspruch nimmt und welche Bedürfnisse oder Gemütsbewegungen seinen Äußerungen zugrunde liegen. Das Kind scheint von Anfang an einen Drang zu haben, seine Grunderfahrungen mit der Mutter zu teilen.

So entsteht, lange vor den Anfängen der Sprache, ein gestisches Verständigungssystem mit einer eigenen Struktur, in dem sich sogar eine elementare Grammatik schon aufweisen läßt (Bruner 1977). In dieses System lagern sich auch schon Rituale und Zweier-Spiele ein, von denen das »Guck-guck-da« das bekannteste ist und universal verbreitet zu sein scheint. Die Schritte dieser Verständigung, dieses Austauschs, des Spielens und Sich-Vergnügens, des Voneinander-Lernens und des Übergangs in symbolische Repräsentation, in eine private und mehr und mehr allgemeine Sprache – und alles das, was sich auf diesem Wege an Austausch, an Lernen, an Lebensäußerungen ergibt, das ist in jüngerer Zeit immer genauer beobachtet und anschaulich dargestellt worden (z. B. Kaplan 1981), so daß man damit nun auch selber wieder mit geschärfter Aufmerksamkeit eigene Erfahrungen machen kann.

Überwältigend in seiner Vielfalt und in seinem Elan ist dieses ursprüngliche Drängen des Kindes nach Erfahrung und nach Kommunikation. Es ›lernt‹ ununterbrochen, und zwar mit ›Hand, Kopf und Herz‹ zugleich, das heißt mit seinem ganzen *Körper- und Sinnensystem;* mit seinen Verarbeitungsweisen, seinem *Gedächtnis* und seinen *intellektuellen Kombinationen;* und mit seinen *Gefühlen,* mit denen es alle Erfahrungen und Sinneseindrücke auf sich und auf seinen emotionalen Umkreis bezieht. Entdeckt das Kind neue Möglichkeiten – es kann sich selbst bewegen, etwas halten, die Hand unter Kontrolle der Augen gezielt auf etwas richten, zeigend und danach greifend; es kann umherrutschen, sich aufrichten und so fort –, so steigern und vervielfachen sich sein Eifer und sein Vergnügen an der rastlosen Erkundung der Welt. Alles wird ergriffen, in den Mund gesteckt, durch Pochen und Rütteln auf seine Qualität geprüft. Schubladen kann man herausziehen, Schranktüren auf- und zuklappen, Treppen erklettern, Bücherborde ausräumen, Journale zerreißen, Papierkörbe auskippen, Tischtücher herabzerren. Das alles ist genußreich, belehrend, befriedigend, weil das Kind sich selber als *Urheber* solcher Wirkungen und erstaunlicher Weltveränderungen erfährt.

Wenn dieser Explorationsdrang, der nur durch Angst gebremst wird, offenbar allen Kindern als eine ursprüngliche Lernfähigkeit und Lernlust mitgegeben ist – braucht er dann noch Unterstützung und Erziehung?

Wir können diese fabelhaften Aktivitäten *wahrnehmen,* so hieß es oben; wir können *sehen lernen,* was es dabei über den Einfallsreichtum, die Kombinationsgabe, die Vitalität des Kindes (auch über seine Hemmungen und Ängste) zu sehen gibt. Wir können *verstehen,* jedenfalls ein Stück weit, was das Kind dabei erfährt und welches Vergnügen, aber auch welche Arbeit es damit hat. Wir können *Raum geben,* frei lassen, den Explorationsdrang des Kindes unterstützen.

Aber das ist noch nicht genug. Was daran noch fehlt, das haben Eltern und Lehrer, die von der »antiautoritären Erziehung« inspiriert waren, oft erst auf steinigen Wegen lernen müssen.

Was hier noch nötig ist, ist das Abmessen der Kräfte und das Herstellen von Bedingungen, in denen sich Geduld und Interesse und guter Wille der Eltern nicht zu bald erschöpfen. Eine Umgebung muß eingerichtet, ein Tagesablauf bedacht und gefunden werden, in dem so viel Bewegungsfreiheit und Spiel- und Explorationsraum gegeben werden können, wie nur immer möglich, das heißt, wie es der Haushalt, der Alltag der Erwachsenen, die anderen Pläne und Ziele ihres täglichen Lebens zulassen. Für die programmatisch Antiautoritären nahmen häusliche oder schulische Szenen allzu häufig den folgenden Verlauf: Eine Zeitlang konnten die Erwachsenen mit Vergnügen und gelegentlichen Klar-Schiff-Aktionen die Kinder sich tummeln lassen; eine weitere Zeitlang konnten sie sich selbst mit Stillhalte-Kommandos und Entspannungsübungen bei Laune halten, dann für einige Zeit nur noch mit Zähneknirschen zuschauen, wie es die Kinder munter in immer weitere Regionen treibt; bis schließlich die materiellen Grenzen und die des Nervensystems überschritten sind und der Erzieher mit »Nun aber Schluß!« (und einem schlechten Gewissen und einem Kater hinterher) der Szene gewaltsam ein Ende machte.

Auch das also gehört zur Erziehung, daß man sich mit Voraussicht und Arrangement, mit Wissen um die Unerschöpflichkeit der Kinder und um die Erschöpfbarkeit der Erwachsenen darauf einrichtet, daß ein Leben mit möglichst freier Aktivität der Kinder und mit einer *durchhaltbaren Ordnung des Zusammenlebens* sich entfalten kann. Hier gilt es zu bedenken und zu entscheiden, wie die Wohnung »babyfest« zu machen ist; ob es, für gewisse Zeiten des Tages, darin ein Ställchen für das Kind geben soll; welche Dinge man wegschließt und auf welche man verzichtet, wo man Gefahren vermeiden (zum Beispiel Steckdosen verschließen) muß und wo man sie riskieren oder durch erlernte Techniken herabsetzen (zum Beispiel Treppen bewältigen helfen) kann. Auch daß man die eigenen Kräfte und die sonst in der

Umgebung herrschende Toleranz richtig einschätzt, gehört dazu, und daß man auf diese Weise Räume und Zeiten ausfindig macht, in denen die Erwachsenen sich an der Freiheit der Kinder freuen und von ihr immer wieder Neues lernen und erfahren können. Das alles erfordert Nachdenken, Voraussicht, erzieherische Vernunft.

Unterstützung und Verständnis erfordern auch die *Spiele* der Kinder. Spielen ist eine ursprünglich-kindliche Aktivität. Die einfachsten Dinge, Bauklötze, Sandkasten, Puppen, ein paar Figuren reichen schon hin, um die intensivsten Spiele zu ermöglichen. Der unerhörte Reichtum von Anlässen, von Arten und Varianten der Kinderspiele läßt sich hier kaum andeuten: Ausmessen und Trainieren des eigenen Körpers und der Geschicklichkeit; Bauen und Gestalten, Verändern der Umgebung, Erkunden und Probieren, der neugierige Umgang mit der Welt; Nachahmung und Szenenspiel, als versuchsweises Eintreten in das Wirken und Handeln anderer Menschen; symbolische Aneignung ihrer Stärke, Größe oder Schönheit durch Verkleidung und durch Rollenspiel; auch das Suchen von Rausch und Gefahr; die Fülle möglicher Sozialbeziehungen teils in Nachahmung von eindrucksvollen Handlungen, teils in Variationen und affektiven Übertreibungen – das alles und unendlich viel mehr steckt im Kinderspiel. Das meiste davon geschieht unter den Kindern selbst, nach ihrer Erfindung und ihrem Vergnügen. Die Bedeutungszusammenhänge, auch tiefenseelischer Natur, erschließen sich der Erkenntnis der Erwachsenen nur stückweise. Was also soll hier Erziehung? Was soll das Beachten und Unterstützen durch die Erwachsenen? Ist es nicht besser, sie lassen ihre Finger »aus dem Spiel«?

Zu dieser Meinung muß man gelangen, wenn man sieht, auf welche Weise sich die Erwachsenen einmischen: Produzenten und Käufer von Spielzeug, Planer und Herrichter von Spielplätzen, Lernforscher und Psychodiagnostiker, Erzieher und ehrgeizige Eltern. Sie können die kindliche Lust am Spiel offenbar nicht einfach dahinsprudeln lassen, sondern müssen sie nutzen und wieder nutzen: zum Lernen, zum Sozialtraining, zum gesellschaftlichen Progreß, zur Schulvorbereitung, zum Geldverdienen. Alles, was die pädagogische und die psychologische Forschung gefunden haben über die Bedeutung des Kinderspiels, über kindliches Bedürfnis und Ausdrucksverlangen, über die Verarbeitung von Konflikten und Spannungen, über Aggressionen und Ängste im Kinderspiel, alles das wird auch mißbraucht. Es wird eingefangen »in die Vernutzungszusammenhänge der industriellen Welt« (Spies). Die Verpflanzung des Spiels aus der Sphäre des kindlichen Ausdrucks und der freien Gestaltung in den Bereich des Lernens und Trainierens ist gerade *nicht* das, was wir hier »Unterstützen« nennen.

Verstehen, unterstützen beim Spiel heißt: dafür sorgen, daß einige äußere Bedingungen gegeben sind – ein Raum, etwas Material, Möglichkeiten für das Kind, sich das Erwünschte und Notwendige zu beschaffen. Es kann heißen, daß man Blockaden wegräumen muß, einen Kummer, Mißmut und Langeweile, Ängste, die dem Spiel im Wege stehen. Man kann den Kindern vielleicht helfen, Streit und Spannungen zu überwinden oder aus Sackgassen sozialer und thematischer Verbiesterung herauszukommen. Man kann einen Resonanzboden abgeben, wo Kinder einen solchen für ihre Töne gebrauchen, zum Beispiel: ihre Verkleidung bewundern, ihren Darstellungen zusehen, ihre Rätsel lösen, Ausstattungsbedürfnissen aufhelfen; vor allem aber ihre ganze vielfältige Welt der Spiele, auch derer, die sie uns verheimlichen, als etwas Wichtiges, Ernstes, zum Leben Gehöriges, zur Selbstwerdung des Kindes Nötiges einschätzen und von Grund auf bejahen.

Was müßte man noch alles hinzufügen, wenn man das Unterstützen, als Verstehen des Kindes, in seinen wichtigsten Themen und Bereichen benennen wollte! Es müßte von den *Phantasien* des Kindes die Rede sein, von seinen *Ängsten.* Seine *Geborgenheits-* ebenso wie seine *Trennungswünsche* müßten wir uns deutlich machen; die Stufen seines dramatischen und schmerzreichen Kampfes um die eigene Selbständigkeit, das »Selber-selber«-machen-wollen auch dort, wo die Kräfte dazu bei weitem überfordert sind. Es müßte weiter von der Selbstdarstellung und dem Ausdrucksverlangen gesprochen werden, wie es in den Zeichnungen, den Bauten, den sprachlichen Erfindungen der Kinder zu Worte kommt. Und immer wieder von den Erlebnissen des Größer-Werdens, in denen sich das Thema der Trennung, der Lösungsschmerz und das Vordringen des eigenen Selbst ineinander verschränken – Erfahrungen, die Eltern und Kinder miteinander machen müssen und in denen sie beide reifen, über die notwendige Trennung trauern und einander gut gesinnt bleiben sollen.

Kinder auf solche Weise zu verstehen kann man sicher ein Stück weit lernen. Man kann sich öffnen, sich sensibel machen für alles das, was es im Zusammenleben mit Kindern zu sehen gibt. Man kann Erfahrungen darüber austauschen und sich auf Schwierigkeiten und auf Glückserlebnisse aufmerksam machen. Es gibt auch Berichte, aus denen man von der Wirklichkeit des Kinderlebens und auch von den schweren Schritten des Selbstseins manches erfahren kann. Viel mehr aber wird man erleben, wenn man in sich selber einen Sinn für den unerhörten Reichtum kindlicher Lebensäußerungen zu entwickeln vermag.

Unterstützung gegenüber Anforderungen und Zwängen

Von den äußeren Anforderungen und den sozialen Zwängen des Lebens, die jeden Menschen an jedem Tag erreichen, wird auch das Kind schon berührt. Sie nehmen zu in dem Maße, in dem es ein eigenes Leben führt, das nicht mehr durch Pflege und völlige Abhängigkeit bestimmt ist; und in dem Maße, in dem es in Geselligkeit und in die Institutionen, in Kindergarten und Schule eintritt. Es hat eine Zeitlang zu den Vorstellungen und Zielen einer »non-frustration«-Erziehung gehört, die Kinder über diese einfache Lebenstatsache hinwegzutäuschen. Das war nur dadurch möglich, daß sich die Eltern selber, in grenzenlosem Einsatz, zu ständigen Abwehrorganen gemacht haben, um dem Kind ein zwangfreies Leben zu erhalten: ständig zum Stillen bereit, ständig alle Wünsche erfüllend, alle Anforderungen vermeidend und die Regeln und Pflichten, die jedes Zusammenleben erfordert, von den Kindern ängstlich fernhaltend.

Es handelt sich hier um eine extreme Weise des Behütens, die sich jedoch nicht nur gegen die Gefahren durch Verkehr oder durch schlechte Einflüsse, sondern gegen jede Anforderung und Zumutung, gegen die Gefahren der »Frustration« des Kindes mit extremen Mitteln wehrt. Diese Art der Verleugnung von Zwängen ist nicht nur maßlos anstrengend für die Eltern, sondern auch gegenüber den Kindern nicht sinnvoll, weil sie ihnen wichtige Erfahrungen aus dem Wege räumt und sie damit wirklichkeitsfremd und unselbständig macht. Nicht nur in der Kräfteverteilung hat das seine Grenzen: die Beziehung zwischen Eltern und Kindern und ihr Zusammenleben können sich nicht befriedigend entwickeln, wenn sich die eine Seite nur als die Ansprüche erhebende, die andere als die Ansprüche erfüllende versteht. Davon war oben schon die Rede.

Hier aber soll von Anforderungen und Zwängen die Rede sein, die *nicht* aus der unmittelbaren Wechselseitigkeit einsichtig werden, sondern die von *außen* kommen. Wie weit muß der Erzieher solche Außenzwänge dem Kind vermitteln, wie weit muß er sie selber mittragen, indem er dem Kind hilft, sie anzunehmen und ihnen zu entsprechen? Wird er, wenn er das tut, selber zum Vertreter und Handlanger dieser Zwänge? Wie kann er vermeiden, daß sein Verhältnis zum Kind immer wieder durch solche Anforderungen und durch die Notwendigkeit, sie gegenüber dem Kind zu vertreten, belastet wird?

Man muß morgens aus dem Bett, seine Sachen packen, rechtzeitig auf den Schulweg gelangen. Besorgungen müssen erledigt, Aufgaben des Hauses irgendwie verteilt werden. Für die Musikstunde hat das Kind noch nicht geübt. Die Schularbeiten werden, wenn man nicht nachfragt, immer wieder vergessen oder aufgeschoben. Ein Arzttermin steht an. Die Zahnspange muß abends eingesetzt werden. Das Kind kann nicht so lange aufbleiben, wie es will, weil es am nächsten Morgen nicht übermüdet in die Schule ziehen darf, und so fort. Die Eltern müssen gewissermaßen alle diese Zwänge mit verwalten und für sie mit einstehen. Sie können manches abmildern, die Kinder weniger spüren lassen. Sie können auch, zur Verzweiflung mancher Lehrer, der Ansicht sein, die Schule müsse selbst für ihre Anforderungen sorgen und notfalls das Kind eben die Folgen seiner Nachlässigkeit spüren lassen. Es gibt auch Situationen, in denen man das Kind gegen Zumutungen oder schlimmen Druck der Schule stützen und entschieden verteidigen muß. Aber das ist zu trennen von den verbreiteten Erleichterungstechniken der Eltern zu Lasten anderer Erzieher, und letztlich zu Lasten des Kindes. Die Probleme der Außenzwänge lassen sich damit etwas herabspielen oder zu Gunsten der Eltern verschieben; auflösen lassen sie sich nicht.

Rousseau hat vorgeschlagen, die Kinder durch unmittelbare Rückwirkung der *Folgen ihres Tuns* Erfahrungen machen zu lassen, statt sie durch persönliches Mahnen und Räsonieren auf den richtigen Weg bringen zu wollen. Aber vieles in unserer symbolisch komplizierten Welt *hat* keine unmittelbaren Folgen, die für das Kind einsichtig wären und es belehren könnten. Schon Rousseaus klassischer Vorschlag, eine zerschlagene Fensterscheibe solle man nicht ersetzen, damit das Kind die Kälte zu spüren bekomme, ist allenfalls im Winter mit einiger Wirkung ausführbar. Wenn das Kind die Schuhe kaputtläuft, statt sie rechtzeitig zur Reparatur zu bringen, macht es vielleicht nur die Erfahrung, daß es neue Schuhe erhält, was es ohnehin vorzieht. Wollte man, daß ihm aus dem vernachlässigten Schuhzeug eine lehrreiche Unannehmlichkeit erwächst, so würde das Kind auch diese nur als Entschluß seiner Eltern ansehen. Die Folgen eines unterlassenen Zähneputzens oder einer Weigerung, zum Zahnarzt zu gehen, stellen sich eventuell erst nach Jahren ein – Lernen durch Rückwirkung der Sache ist hier kaum oder nur mit großem Schaden möglich. Ebenso geht es, wenn wesentliche Schulpensen verschlampt oder übergangen werden: Direkte und spürbare Rückwirkungen hat das meistens nur, wenn der Lehrer für solche Rückwirkung sorgt. Daß hier Lücken entstanden oder Fundamente ausgelassen worden sind, merken die Kinder oft erst viel später, wenn diese eigene Erfahrung nicht mehr greift.

Es bleibt also ein wesentlicher Teil solcher Anforderungen und Zwänge an den Händen der Erzieher kleben, die erst Schritt für Schritt – das selbst gehört schon zu dem mühsamen Prozeß der Erziehung – dem Kind deutlich machen können, daß sie hier nicht ihren eigenen Zweck oder Anspruch oder ein Zufallspensum betreiben, sondern eine Arbeit mit einer (mehr oder weniger) objektiven Struktur. Und damit bleibt auch bestehen, daß hier Forderungen, auch solche, die fast notwendig Unlust erzeugen, an das Kind gerichtet werden müssen und daß die Erzieher, Eltern wie Lehrer, nicht umhinkönnen, als Sachwalter solcher Forderungen tätig zu sein.

Unterstützen also bedeutet hier, daß die Erzieher dem Kind helfen, mit diesen Forderungen zurechtzukommen: ihm Dinge abnehmen, die ihm zu schwer werden; mit ihm gemeinsam tun, was es allein zu sehr belastet; immer wieder prüfen, was der Sinn der Forderungen ist und ob sie zu Recht bestehen. Unterstützen kann aber nicht heißen, die Tatsache solcher Anforderungen leugnen oder bagatellisieren. Schon wenn Eltern sich dieser Vermittlungsaufgabe einfach entledigen wollen, den »Erziehungsanspruch abwerfen«, wie es bei den Antipädagogen heißt, und mit der Seite der Anforderungen, die eine große Rolle im Schülerleben spielt, nichts zu tun haben wollen, können durch dieses ihr Desinteresse die Anforderungen noch schwerer und fremder werden, als sie ohnehin sind.

Ganz verborgen geblieben ist den Antipädagogen die Unvermeidlichkeit von Zwängen in unserem Alltag natürlich nicht:

> »Müssen Sie etwa einen Bus erreichen oder verhindern andere Umstände, daß Sie sich nach dem Willen und den spielerischen Launen des Kindes richten können, dann fackeln Sie nicht lange (und entwickeln keine Schuldgefühle). Es wäre falsch, dem Kleinen jetzt viel erklären zu wollen. Schaffen Sie vollendete Tatsachen, so mit dem Bewußtsein: leider, Chef, kann ich dich jetzt nicht zu deinem Recht kommen lassen – wir sind beide Opfer einer höheren Gewalt.
>
> Wohlgemerkt: ich empfehle hier nur das kleinere Übel. Wenn man schon bei seinen Plänen die zu erwartenden Wünsche des Kindes berücksichtigt, werden solche Gewaltakte (die von unerzogenen Kleinkindern meist problemlos hingenommen werden) die seltene Ausnahme sein. Es ist aber angemessener und freundlicher, im Fall des Falles das körperliche Faustrecht anzuwenden, als es mit dem geistigen zu versuchen. Warum? Beim körperlichen Faustrecht setzen Sie ihre größere Kraft ein, die das Kind längst kennt, anerkennt und oft genug in seinen Dienst nimmt. Beim geistigen Faustrecht legen Sie sich mit dem Willen des Kindes an, was ein ungleich härterer Angriff auf seine Autorität, ein ungleich tieferer Eingriff in seine Souveränität ist.« (Braunmühl 1978, S. 142.)

Warum das »Faustrecht«, muß man hier fragen und die positiven Gedanken der Antipädagogik geradezu *gegen* Braunmühl verteidigen. Ein »Faustrecht« ist immer eine Macht, die sich der Starke willkürlich und gewaltsam nimmt und die den Schwachen rechtlos läßt. Selbst diesen Preis will Braunmühl zahlen, um darüber hinwegzutäuschen, daß es Einsichten der Erwachsenen in Notwendigkeiten gibt, die das Kind noch nicht als eigene Einsicht teilen kann. Die Anordnung, die der Erwachsene im Namen sinnvoller Anforderungen oder im Namen von Notwendigkeiten trifft, unterscheidet sich von einem geistigen oder körperlichen Faustrecht gerade dadurch, daß sie einen klaren Rechtfertigungsgrund, eventuell sogar eine bestimmte Zukunftsperspektive für das Kind hat. Sie braucht die aufbauende, zu unterstützende Autonomie des Kindes nicht zu verletzen, wenn sie auf diese Situationen beschränkt bleibt, das heißt, wenn man in anderen Bereichen und zu anderen Zeiten das Kind den Freiheitsraum und die Bejahung seiner Welt und seiner Bestrebungen verläßlich erfahren läßt. Gerade die Art und Weise, wie im Falle eines Zusammenstoßes von kindlichen Spielinteressen und Außenzwängen mit den Kindern umgegangen wird, ist ausschlaggebend dafür, wie die Kinder solche Anordnungen aufnehmen können. Wenn solche Eingriffe nicht als blanke Willkür erfahren werden, sondern, zum Beispiel, rechtzeitig als Notwendigkeiten angekündigt und, kurz bevor es losgehen muß, noch einmal in Erinnerung gerufen werden, so sieht sich das Kind durchaus in die Rationalität dieser Notwendigkeiten mit einbezogen.

Auch dies also gehört zur Unterstützung, und es ist ein wesentlicher Teil von ihr: nicht nur die Anerkennung aller eigenen Lebensäußerungen und Regungen der heranwachsenden Persönlichkeit; sondern auch die Hilfe beim Aufbau dieser hochwichtigen Fähigkeit, solche Notwendigkeiten von unbegründeter Freiheitsbeschränkung und von Faustrecht-Handlungen zu unterscheiden und mit ihnen nüchtern und ressentimentfrei umzugehen.

Unterstützung der Leistungsfähigkeit

Die wichtigsten und umfänglichsten Aufgaben, die den Kindern gestellt werden und landauf, landab den Erziehungsalltag mitbestimmen, sind die Leistungsforderungen, zunächst in der Schule, später im Beruf. »Leistung« ist eine Art Schlüsselwort hoher ideologischer Aufrüstung, bei Verteidigern wie bei Gegnern des Prinzips. Die Angst vor Leistungsversagen oder Leistungsverweigerung geht um.

Auf einem Elternabend, so wird berichtet, wollte die Lehrerin den Erstklässler-Eltern ihr Bewertungssystem erläutern. Sie mache, statt einer Ziffernnote, ein »Lachegesicht« unter die Hausarbeiten, und zwar gleicherweise bei allen Kindern, von denen sie den Eindruck habe, daß sie sich Mühe gegeben hätten. Worauf sich ein Vater zu Wort meldet: »Ich halte Ihr Vorgehen für falsch. Wir leben hier in diesem Land in einer Leistungsgesellschaft. Und die Kinder müssen früh die Maßstäbe dieser Leistungsgesellschaft kennenlernen. Ich kann nicht weiter zulassen, daß Sie Kindern mit objektiv sehr unterschiedlichen Leistungen die gleiche Belohnung und Bestätigung aussprechen.« (Cloer 1981, S. 736.)

Aus der Schärfe des väterlichen Einspruchs spricht die Angst vor einer permissiven Pädagogik, die Angst auch vor einem Aufschieben der Leistungsforderungen samt dem üblichen Gewöhnungs- und Bewertungssystem. Dieser protestierende Vater, obwohl Studienrat von Beruf, hat sich offenbar mit der Entstehung von Leistungsversagen und Leistungsverweigerung nie beschäftigt. Seine Lern- und Gewöhnungstheorie stehen ebenso unerschütterlich wie sein Leistungsbegriff.

Aber sein Kind – wird es mit diesen Vorurteilen und Ängsten des Vaters zurechtkommen? Bleibt es auf der Bahn der Leistungsfähigkeit, die er ihm mit Drahtzäunen absichern möchte?

Nennt man »Leistung« jede Arbeit, jede Hervorbringung oder Tätigkeit, sei sie auf praktischem, sozialem, künstlerischem oder intellektuellem Gebiet, die bestimmten »Gütemaßstäben« entspricht, so wird über die Bedeutung von Leistungen für Kinder und ihre Entwicklung kein Zweifel aufkommen können. Es wird ja nicht nur von außen die Erwartung an sie herangetragen, daß sie etwas gut machen; sondern es gehört auch zu den elementarsten Erfahrungen ihres eigenen Selbst, nicht nur von Menschen geliebt und angenommen zu werden, sondern selber etwas ausrichten, etwas bewirken, etwas bauen oder herstellen zu können. »Ich kann es«, ist einer der wichtigsten Sätze oder Gefühlsinhalte von Kindern. Selbst ein großer Teil ihrer Spiele in unserem Kulturkreis, vom Sandkasten bis zu Faltblättern oder technischem Gerät, von Hüpf- und Geschicklichkeitsspielen, Ballproben, Sportspielen bis zum Ski- oder Rollschuhfahren und vielem anderen, steht unter dem Anspruch der Qualität, der Körperbeherrschung, der Schönheit oder anderer Perfektion. Ein Rad schlagen, hoch schaukeln, am Strand eine Burg bauen, die sich möglichst lange gegen die Flut behaupten kann, – das alles enthält Leistungs- und Qualitätsmomente, eingebunden in andere Momente des Vergnügens, der Symbolik und des Spiels.

Aber ist es richtig, dies alles unter dem Begriff der Leistung zusammenzufassen? Solche Begriffe, die man wie ein Dach über Erscheinungen sehr verschiedener Art spannt, haben den Vorzug, daß sie bestimmte Gemeinsamkeiten deutlich machen – hier eben den anthropologisch grundlegenden Zug, daß der Mensch sich selbst in solchen Hervorbringungen und Vervollkommnungen zu erfahren und zu verwirklichen sucht. Aber solche Dachbegriffe entwickeln auch ein gefährliches Eigenleben, sie setzen sich einebnend an die Stelle einer vielfältigen Wirklichkeit. Hat die Perfektion auf den Rollschuhen eigentlich mit dem perfekt gestrickten Pullover und mit den Gedächtnisleistungen eines Schülers oder gar mit einer Hilfe-»Leistung« für einen kranken Menschen etwas zu tun? Erhalten sie ihr Wesentliches durch das gemeinsame Perfektionsmoment oder durch den Sinnzusammenhang, in dem sie stehen? Es gibt ja offenbar Leistungen, die für die Gesellschaft eminent wichtig sind und an deren Erhaltung uns alles gelegen sein muß, etwa das Leistungsethos eines Lokomotivführers, eines Kontrollingenieurs, der Schwester auf einer Intensivstation. Es gibt andere Leistungen, die heute zwar eine große öffentliche und symbolische Bedeutung haben, aber ganz und gar nutzlos sind, zum Beispiel die des Leistungssports. Sie verlangen, für Sekundenbruchteile oder Millimeterdifferenzen, enorme Anstrengungen, hohen Leistungsehrgeiz, oft noch das Risiko der Gesundheit, ohne daß daraus irgend etwas Produktives, ein Wert oder Nutzen für andere Menschen entstehen.

Es wird auch niemand im Ernst behaupten, daß die eine, zum Beispiel die sportliche Leistung, mit einer ganz anderen, zum Beispiel einer sozialen oder künstlerischen Leistung fest verbunden sei, schon gar nicht in dem Sinne, daß man ein gemeinsames »Prinzip« hier erlernen und dort anwenden könnte. Es kann auch nicht in der *Anstrengung* als solcher das gemeinsam Erstrebenswerte liegen, denn die Anstrengung könnte sich auch auf Schädliches, Egoistisches, Asoziales richten, dem wir zwar den Oberbegriff Leistung nicht versagen, aber doch bestimmt nichts Positives oder Bildsames zuerkennen würden. Kurzum, der Begriff der Leistung kann uns leicht in die Irre führen, weil er qualitativ und phänomenal ganz Verschiedenes und verschieden zu Bewertendes zusammenfügt.

Wie begegnen dem Kind die Möglichkeiten und Anforderungen, die heute üblicherweise unter dem Begriff »Leistung« figurieren? Ein Qualitätsbewußtsein und ein Arbeiten an der Vervollkommnung entwickeln sich zunächst gar nicht auf dem Gebiete der Leistungen schulischer Art. Es sind eher körperliche Fertigkeiten oder auch Produkte des kindlichen Spielens und Herstellens, auf die sich ein erster Leistungs- oder Tätigkeitsstolz richtet. Das Lernen der Kinderzeit geschieht überall und spontan. Und die enormen Lernleistungen im Körpergeschick, in der manuellen Differenzierung, in der Sprache, die an Umfang vielleicht alles übertreffen, was der Mensch später in der Schule noch lernt, geschehen beiläufig, meist ohne alle Leistungsanstrengung. Kann man dem Kind dieses spontane, ungeordnete, vielseitige und wirkungsvolle Lernen, das von der Neugier und vom Großseinwollen gesteuert ist, erhalten? Wie kommt es, daß aus den hochaktiven Selbstlernern nur allzu oft schlechte und mißmutige Schullerner werden?

Das war die Grundfrage der »Reformpädagogik« seit der Jahrhundertwende, und es ist die Grundfrage aller Schulerziehung geblieben: ob sich die Schule nicht, statt als ein Leistungsforderungssystem, auch als eine freie Gemeinschaft zur vielfältigen Unterstützung spontanen kindlichen Lernens anlegen läßt. Nicht daß dabei die Anforderungen vor der Tür bleiben könnten oder die Gütekriterien und Maßstäbe, nach denen das Lernen sich richten muß. Es handelt sich ja nicht darum, daß die Kinder nichts können und wissen wollten. Was aber das Leistungs- und Anforderungssystem der Schule so problematisch macht, ist, daß es *weder* unmittelbar an das hochaktive Lernen des kindlichen Interesses anknüpft, also Lernen und Leistung nach den Maßstäben und mit den thematischen Akzenten ermöglicht, die die Kinder von sich aus setzen und die ihrem Größerwerden- und Selbstsein-wollen entsprechen. *Noch* aber ist es identisch mit dem Leistungssystem der Erwachsenengesellschaft, mit Beruf und Geldverdienen, mit Beherrschen und Gestalten von gesellschaftlicher Realität und mit der Art von Leistungsforderungen, die unter den Erwachsenen anerkannt und honoriert werden.

Dieses *Zwischensystem* der Schule stellt Leistungsforderungen eigener Art, deren Nutzen und Notwendigkeit den Schülern (und ihren Eltern) an vielen Stellen und aus vielerlei Gründen nicht mehr deutlich sind. Das Leistungssystem der Schule ist, da es auf gesellschaftliche Übereinkünfte über das, was zur »Bildung« gehört, nicht mehr rechnen kann, weithin autonom geworden, und es tritt Schülern und Eltern als ein eigenes scholastisches System entgegen, das mit dem Leben wenig Verbindung hat. Unlust und Widerstand – mindestens bei einem Teil der Schüler – haben in dieser scheinbaren Selbstgesetzlichkeit der Schule ihren Grund: Wozu braucht man das? Meine Eltern wissen das auch nicht! Hat das mit dem Leben etwas zu tun?

Die Schule hat nun ihre eigene Kontroll- und Sanktionsmechanik entwickelt, um Widerstände zu überwinden und um die Schüler, bei denen sie überhandnehmen, auszuscheiden. Spricht man freilich nur von »Widerständen«, so hat man sich die übliche Beurteilung, nach der eben der mangelnde Wille zur Schulbildung bei den schlechten Schülern ausschlaggebend sei und entsprechende Folgen haben müsse, schon zu eigen gemacht. Oft ist aber nicht ein wachsender Widerstand, sondern ein schwindendes Selbstvertrauen die Leitlinie eines solchen Schulversagens. Und dieser Niedergang des Selbstvertrauens kann schon die Folge einseitiger Maßstäbe und einseitiger Leistungsbewertung der Schule sein. Der Schweizer Sonderschullehrer *Jörg Jegge* hat der Darstellung seiner Erfahrungen mit Schulkarrieren, die von Entmutigung gekennzeichnet sind, den einprägsamen Titel *»Dummheit ist lernbar«* gegeben. »Dummheit« wird in der Tat gelernt, gesteigert, gefestigt durch die Kette von Mißerfolgserlebnissen, die einem Teil der Schüler im System der Schule bereitet werden und die von diesem System aus auf alle folgenden Leistungsversuche ausstrahlen.

Dies ist kein Buch über Schulprobleme oder Schulreform. Aber die Schule ist nun einmal ein wesentliches Stück des Lebens und Schicksals unserer Kinder. Und die Leistungsfähigkeit ist ein großes gemeinsames Thema, sowohl für das Selbstbewußtsein der Kinder wie für ihr Durchkommen in Schule und Beruf. Das Spektrum der Leistungen, die die Schule ermöglicht und anerkennt, ist aus der Perspektive einer pädagogischen Leistungsförderung viel zu schmal. Von dem Reichtum kindlicher Leistungsmöglichkeit, mit dem die Reformpädagogen so vielfältige Erfahrungen gemacht hatten, sind in unserem Schulsystem nur schmale Bewährungspfade übrig geblieben; und leider hat auch die Bildungsexpansion der sechziger Jahre, indem sie alles auf den gymnasialen Typus von Leistung festzulegen suchte, nochmals eine Verengung der Leistungs- und Bewährungsmöglichkeiten mit sich gebracht. Die Notwendigkeiten einer Korrektur der Bildungspolitik zeichnet sich hier deutlich ab.

Aber Eltern und Erzieher können auf solche Änderungen nicht warten. Was können sie jetzt schon tun, um Kinder in ihrer Leistungsfähigkeit zu unterstützen?

Wenn es richtig ist, daß die Schule aus der breiten Skala kindlicher Interessen, kindlichen Lernens und Erfahrungsaufbaus nur einen schmalen Streifen anspricht, daß sich ihre Anforderungen nur auf einen sehr begrenzten Umkreis von Lernweisen und Tätigkeiten beschränken, dann können Eltern und Kinder zusammen danach suchen, wo es sonst noch, außerhalb der Schule, Aktivitäten und Könnenserfahrungen gibt, die sich neben dem Anforderungssystem der Schule kultivieren lassen. Eine der schlechtesten Elternreaktionen auf schwache Schulleistungen ist der Versuch, dem Kind die sonstigen Tätigkeiten und Interessen auch noch abzuschneiden (»solange, bis das Zeugnis besser wird«) und damit nicht nur die Lebensfreude – vitale Grundlage aller Fähigkeiten – zu mindern, sondern die unentbehrliche Freude an eigener Tätigkeit auch auf *den* Gebieten noch zu untergraben, in denen sie durch den Schulalltag unberührt geblieben ist.

Das Gegenteil wäre richtig: mit aller Aufmerksamkeit die Gebiete herauszufinden, an denen das Kind Freude hat, wo es Interessen entwickeln und vertiefen kann, wo ihm Möglichkeiten der Befriedigung, der Bewährung, der eigenen Tätigkeit zugänglich sind. Was gibt es alles *außerhalb* jenes Bereichs von Leistungen, die in der heutigen Schule gefordert und verpunktet werden: Von der ganzen Breite der sportlich-körperlich-tänzerischen Aktivitäten, von den darstellenden Künsten über die Musik mit der Fülle ihrer Musikstile und -auffassungen bis zu den bildenden und gestaltenden Künsten, weiter zu den handwerklichen und produzierenden Tätigkeiten, den Pflege- und Kultivierungsaufgaben bei Tieren und Pflanzen, den sozialen Hilfeleistungen, den Erkundungen in Berufs- und anderen gesellschaftlichen Feldern, der Auseinandersetzung mit Theater und Film, den Sammlungen aller Art, länderkundlichen und volkskundlichen Interessen, auch wirtschaftlichen Aktivitäten und vielem mehr. Auf allen diesen Gebieten kann die Befriedigung qualitätvoller Arbeit und selbständiger Erfahrung gefunden, unterstützt und gefestigt werden. Überall kann ein Jugendlicher das Zentrum seines Selbstbewußtseins und seiner persönlichen Entwicklung finden, die sich an dieser Stelle konsolidiert und dann vielleicht auch auf schulische Gebiete auszubreiten vermag. Ruinös aber, um es noch einmal zu sagen, kann die Vorstellung der Erzieher werden, daß alle diese Möglichkeiten nur Allotria seien und daß sich Leistung und Lernfähigkeit und damit die persönliche Entwicklung allein an dem Ausschnitt der Kultur und der gesellschaftlichen Realität entscheiden müßten, den die Schule definiert.

Leben und Handeln mit Kindern

Jetzt gerate ich aber schon in die Nähe guter Ratschläge, und die wollte ich in diesem Essay vermeiden. Warum? Aus der üblichen Scheu des Wissenschaftlers, sich auf Alltagsprobleme einzulassen?

Nein, sondern aus der Überzeugung, daß man in einem Buch immer nur von allgemeinen Bedingungen sprechen kann, also grundsätzliche Überlegungen anstellen, Voraussetzungen prüfen, Zusammenhänge erkennen, nicht aber gerade dieses abnehmen, was wir »Erziehung« nennen.

»Wenn du beim schnellen Blättern nach Vorschriften und Rezepten suchen solltest, wenn du nachsichtig darüber lächelst, daß es nur wenige sind – so wisse, wenn du Ratschläge und Hinweise findest: dies ist nicht mit dem Willen des Autors geschehen, sondern gegen diesen.

Ich weiß nicht und kann nicht wissen, wie mir unbekannte Eltern unter unbekannten Bedingungen ein mir unbekanntes Kind erziehen können.« (Korczak 1967, S. 1.)

Gewiß gibt es allgemeine Aufgaben *aller* Erziehung, es gibt Probleme und Entscheidungssituationen, auf die *jeder* stößt, der mit Kindern zu tun hat. Über ein paar solcher typischen Situationen habe ich hier geschrieben, und jedem Praktiker fallen sofort eine ganze Reihe weiterer alltäglicher Entscheidungsfragen ein, die ich nicht erwähnt habe und hier auch nicht noch aufzählen will. Das alles gibt aber immer nur den Rahmen ab, es nennt die verschiedenen Aspekte, die man nicht vergessen soll; es kann vielleicht helfen, sich das Für und Wider einzelner Schritte klarzumachen. Aber bestimmte Anweisungen, Regeln oder gar Rezepte lassen sich von diesen allgemeinen Erörterungen nicht ableiten.

Das Erzieherische ist immer persönlich oder existentiell. Es geht dabei stets um einmalige Menschen in einmaligen Lebensumständen und Zeitverhältnissen, die miteinander leben, die einander begegnen, sich verstehen und auch verfehlen, die aneinander Ansprüche stellen und sich gegenseitig beeinflussen. Insofern ist auch richtig, daß die menschlich-persönliche *Beziehung* das wichtigste, das Umgreifende ist, in das die besonderen Aufgaben der *Erziehung* eingelagert sind. Das haben die großen Pädagogen seit Pestalozzi schon gewußt und – als Antwort auf die technologische Versuchung, die wir in manchen Äußerungen der Philanthropisten antrafen – formuliert. Und sie haben es mit großen Worten gesagt, daß dies, wie wir *sind,* wie wir uns *erfahren* und einander *annehmen,* unser *Umgang,* unser *Vertrauen,* unsere *Liebe* zueinander die Voraussetzungen für alles das bilden, was Erziehung sein soll.

Diese »großen Worte« sind nicht immer passend und verständlich geblieben, sie nutzen sich ab und müssen wieder neu formuliert werden. Für die sehr verschiedenen persönlichen Verhältnisse, in denen Erziehung geschehen kann, sind sie in ihrer Größe und Allgemeinheit oft nicht angemessen. Auch ein Bus-Schaffner zum Beispiel, der Kinder veranlaßt, für alte Leute Platz zu machen, kann das so sagen, daß die Kinder es verstehen und sogar annehmen über den gegenwärtigen Moment hinaus. Das wird ihm aber nur gelingen, wenn auch er in diesem Moment eine Beziehung zu den Kindern stiften, das heißt so sprechen kann, daß die Kinder ihn und die Sache verstehen. Und das setzt wieder voraus, daß er Kinder mag und gelten läßt.

Daß man »Kinder mag und gelten läßt«, ist Voraussetzung für alle Erziehung, und oft ist dafür das große Wort »Liebe« nicht am Platz. Auch in dem Titel des tiefgründigen Buches von *Janusz Korczak »Wie man ein Kind lieben soll«* scheint uns das Wort »lieben« in der Verbindung mit dem »sollen« befremdlich, ein zu großes Wort. Kann man denn Lieben überhaupt als eine Forderung, als etwas Verfügbares verstehen (es war oben anläßlich des leichtfertigen Worts »Liebesentzug« davon schon die Rede)?

Korczak hat das aber mit Nüchternheit behandelt, auch seinen paradoxen Titel erläutert. Er hat mit seinen Beispielen und seinem immer neu ansetzenden Nachdenken die Eigenart der pädagogischen Beziehung deutlich gemacht:

- daß das Kind von früh an ein hohes Recht auf Selbstsein hat, aber auch ein Recht darauf, in den Menschen seiner Umgebung selbständigen Individuen zu begegnen;
- daß das Kind ununterbrochen von den Menschen seiner Umgebung, Erwachsenen und Kindern, lernt und daß diese um so mehr für das Kind bedeuten, je mehr sie selber sich öffnen, je mehr sie vom Kind lernen und auch das Kind als ein Individuum wahrnehmen können;
- daß Kinder nicht mit Maßnahmen, Regeln oder Rezepten erzogen werden können; daß aber Kinder und Erwachsene unter gemeinsamen Wertansprüchen stehen und daß es für sie wichtig ist, diese Ansprüche mit- und aneinander zu erfahren;
- daß sich aber auch der »tragische Zusammenstoß von unbilligen, nicht realisierbaren und unreifen Wünschen mit einem auf Erfahrung beruhenden Verbot nicht vermeiden läßt«;

- daß die Liebe der Eltern zum Kind in die Irre läuft, wenn sie das Groß- und Selbständig-werden des Kindes nicht zu ertragen vermag, wenn sie nicht wahrhaben will, daß die Verselbständigung und Loslösung von früh an ein Grundthema dieser besonderen Beziehung ist;
- daß das Miteinander-reifen – das heißt: in neuen Altersstufen ein neues Verhältnis zueinander und neue Gemeinsamkeiten finden – zwar auch für andere Partner- und Freundschaftsbeziehungen wichtig ist, in der Beziehung Eltern und Kinder aber, wegen der raschen Entwicklung und starken Altersveränderung des Kindes, seine besondere Qualität und Bedeutung hat, die es von anderen Beziehungen unterscheidet;
- und schließlich: daß eine Erwachsenengeneration, welche die Kinder aus ihrem Leben verdrängt, sich selber die Verjüngung abschneidet und elementarer Erfahrungen des Menschlichen beraubt.

Wie andere Verhältnisse persönlicher Nähe kann diese Beziehung Spannungen, zeitweise oder dauerhafte Entfremdungen mit sich bringen. Es kann darin Unterdrückungen geben und, auf beiden Seiten, Tyrannei. Sogenannte gut erzogene Kinder sind oft solche mit leicht oder schwer unterdrückter Selbständigkeit. Hier zeigt sich wieder, daß der Sprachgebrauch sich aus der Tradition der Gehorsamserziehung noch nicht befreit hat. »Gut erzogen sein« muß eigentlich heißen: Selbständigkeit erlangt haben und auch die Fähigkeit, Beziehungen und Bindungen einzugehen und einer Gemeinschaft zuzugehören; auch seine Eltern gern haben können, trotz der Unterschiede der Generationen und Meinungen, und trotz der Ablösungsschmerzen, die mit dem Selbständigwerden für beide Seiten verbunden sind.

6 Nachbesinnung

»Unsere Sprachen sind Gebilde aus Notwendigkeit und Zufall«. *Notwendig* ist es für eine Sprache, die elementaren Sachverhalte und Denk- und Unterscheidungsweisen einer Kultur auf Worte und Begriffe zu bringen. Dem *Zufall* historischer und literarischer Ausformung unterliegt es, in welcher Gestalt und mit welchem Hof von Bedeutungen und Nebentönen das jeweilige Wort heute anzutreffen ist.

Ich rechne das Wort »Erziehung« zu den elementaren Begriffen, die einen grundlegenden anthropologischen Sachverhalt bezeichnen. Da es aber nicht nur historisch starken Wandlungen ausgesetzt war, sondern bis heute mit sehr verschiedener Tönung und für sehr verschiedene Auffassungen der Sache gebraucht wird, bleibt mein Versuch, den rechten Sinn von »Erziehung« festzustellen und gegen andere Vorstellungen und Wortverwendungen abzugrenzen, problematisch. Man kann der Meinung sein, daß dieses Wort, mit seiner umgangssprachlichen Vermischung verschiedener Elemente, unentbehrlich-hilfreicher und fatal-unterdrückender Beziehungen und Handlungen, besser zu vermeiden sei. Aber die Sache, das Verhältnis zwischen Erwachsenen und Kindern in seiner Besonderheit, wird *mit* diesem oder *ohne* dieses Wort Gegenstand des Nachdenkens bleiben.

In der deutschen Sprache ist das Wort schon etymologisch für eine heutige Erörterung belastet, da mit »Ziehen«, »Zucht« und den damit assoziierten Tätigkeiten ein Machen und Verfügen ausgedrückt ist, das auch Gärtnern und Viehhaltern ansteht und das einer Vergegenwärtigung des humanen Sinns und der Grenzen der Erziehung nicht gerade entgegenkommt. Das Englische und die romanischen Sprachen sind da besser dran: Education, éducation, educación wählen das Bild des *Herausführens* aus der Abhängigkeit und Unmündigkeit. Sie setzen also schon im Sprachlichen einen anderen Zusammenhang, ein anderes Ziel. Die Mühen, welche der Gedanke des Herausführens in der Epoche der Aufklärung hatte, um die Traditionen des Ziehens und Einfügens zu überwinden, haben wir oben besprochen; ebenso die neuen Zwänge, die ihn dann von der rationalen Zivilisation her bedrängten. Und welchen künftigen Belastungen ging er damit erst entgegen!

Die Aufklärungsepoche hat ja nicht nur darum eine so eminente Bedeutung für uns, weil dort zuerst die Themen und Probleme der neuzeitlichen Individualität und der modernen Gesellschaft aufgeworfen wurden. Sondern sie steht auch als ein Modell für den weiteren großen Einbruch von Rationalität in alle Lebensverhältnisse, der sich gegenwärtig vor unseren Augen vollzieht. Man hat ihn gelegentlich die »Zweite Aufklärung« genannt. Technik und Kalkül, Planung und Kontrolle drängen mehr denn je nicht nur in unsere Arbeitsverhältnisse, sondern in unsere Handlungen und Beziehungen ein. Auch das Persönlichste, Intimste wird zum Gegenstand der Forschung, soll technologischer Steuerung und rationaler Manipulation unterworfen werden.

Das große Thema dieser Generation ist, wie sich mit dieser Rationalität leben läßt. Der Umschlag in die irrationale Eigenmacht der rational konstruierten Institutionen läßt nicht auf sich warten. »Dialektik der Aufklärung« haben M. Horkheimer und Th. Adorno diesen jeweiligen Umschlag genannt (das Wort »Dialektik« hier anders verstehend, als ich es oben brauchte). Zwar ist der Fortgang des aufklärerischen Denkens unerläßlich. Die Überzeugung, daß der Mensch nicht getrieben sein muß von Ängsten, nicht bedroht von anonymen Mächten, nicht genötigt und beherrscht von dunklen Institutionen, sondern selbst verantwortlich, handlungsfähig, im eigenen Bewußtsein frei, sie ist die Grundlage für persönliche und politische Freiheit überhaupt. Aber das rückläufige Moment ist in der Aufklärung und in den Institutionen, die sie schafft, immer schon enthalten. »Die vollends aufgeklärte Erde strahlt im Zeichen triumphalen Unheils.« (Horkheimer/Adorno 1947.)

Auch in der Erziehung, im Bildungswesen und in der Erziehungswissenschaft werden vor unseren Augen neue Stufen scheinbarer Rationalität und Verfügungsmacht erstiegen. Gewachsene Strukturen und überlieferte Lebensweisen lösen sich unter dem Zugriff neuer Erkenntnisse, neuer Techniken und neuer Wirtschafts- und Sozialformen auf. Eingeübte Weisen der Daseinsbewältigung reichen nicht mehr aus. Und das Wissen der älteren Generation, aber auch die überlieferten Formen elementarer Beziehungen werden von der jüngeren nicht mehr ohne weiteres angenommen. So ist derselbe Prozeß, der Erziehung immer nötiger macht, weil eben die Formen des sozialen Lebens die Aufgaben der Sozialisation nicht mehr erfüllen, zugleich derjenige, der Erziehung immer schwieriger werden läßt. Denn das Herausführen – *éducation* – ist ja zugleich auch immer ein Hineinführen, eine Hilfe beim Finden des eigenen Ortes im Gefüge der Gesellschaft. Insofern als sie dem Kind bei seiner Auseinandersetzung mit den gesellschaftlichen Anforderungen helfen und zu ihnen auch Brükken schlagen muß, ist Erziehung mit dem zivilisatorischen Prozeß auf vielfältige Weise verknüpft. Wir brauchen uns nur die Wortverbindungen *Schul*erziehung, *Berufs*erziehung, *Verkehrs*erziehung, *Medien*erziehung anzusehen, um uns an diese Verknüpfung zu erinnern. Hat zum Beispiel Verkehrserziehung andere Aufgaben als die, junge Menschen für den heutigen Verkehr zu schulen, das heißt aber: für die wahnwitzige, menschenmordende, energieverschwendende, umweltverpestende Weise des heutigen Verkehrs so zu trainieren, daß sie darin nicht umkommen? Insofern als Erziehung sich mit gesellschaftlichen Zwängen zu befassen und auch irgendwie mit ihnen zu arrangieren hat, wird sie selbst unmittelbar in den Umkreis dieser Zwänge einbezogen. Sie hat zwar den Verkehr nicht erzeugt, aber sie soll ihn erträglich machen. Sie ist, insofern sie den zivilisatorischen Mißständen zuarbeitet, Teil dieses Systems. Und die Kritik und Aversion, die sich gegen die zivilisatorische Gegenwart und ihre Zwänge richten, lassen sich in einem Zug auch gegen die Erziehung mobilisieren: Erziehung ist allemal »Angriff auf die Freiheit« (Kupffer 1980). Das ist gewissermaßen die simpelste Argumentationsfigur: daß die Ressentiments gegen die zivilisatorischen Übel und gegen die faktische Freiheitseinschränkung in unserer Gesellschaft umgeleitet werden auf die Erziehung – Prügel für den Boten wegen der mißlichen Nachricht, die er überbringen muß.

Die mißliche Nachricht lautet: Auch du, liebes Kind, wirst in einer Welt leben müssen, die kein emotionales Paradies ist; in einer Welt, in der Gerechtigkeit auf schwachen Füßen steht; in der der zivilisatorische Prozeß am Bestand der Erde nagt; in der der Friede zerbrechlich ist, in der die Freiheit, wo es sie gibt, gegen immer neue Zugriffe verteidigt werden muß und so fort. Auf den grundlegenden Optimismus der Aufklärer, daß die Lebensverhältnisse und das soziale Gefüge, in die das Kind eintritt, eine Ordnung darstellen können, welche die Erziehung umgibt und stützt, die Kinder bejaht und als ihr bestes und wichtigstes Potential ansieht – auf einen solchen Optimismus wird sich der Erzieher heute nicht stützen können. Und er wird sich auch der Illusion nicht hingeben, daß er diese Ordnung mit den Mitteln der Erziehung herstellen kann.

Ist Erziehung in dieser Unsicherheit, in der Krisenhaftigkeit der Gesellschaft, in der Widersprüchlichkeit der zivilisatorischen Entwicklung zu kompliziert, zu schwierig, zu gefährlich geworden?

Oder ist sie vielmehr heute auf ihren Kern zurückverwiesen, auf ihr eigentliches Zentrum, damit auch etwas Einfaches, das der unübersehbaren Vielfalt pädagogischer, tiefenpsychologischer, jugendsoziologischer und anderer Belehrung und Beratung gar nicht bedarf. Ihr Kern ist die Bereitschaft erwachsener Menschen, die auf die Kraft der Liebe vertrauen, dem Kind die grundlegende Erfahrung des Vertrauens zu ermöglichen; die Erfahrung, die Martin Buber so bezeichnet hat:

> »Weil es diesen Menschen gibt, kann der Widersinn nicht die wahre Wahrheit sein, so hart er einen bedrängt. Weil es diesen Menschen gibt, ist

gewiß in der Finsternis das Licht, im Schrecken das Heil und in der Stumpfheit der Mitlebenden die große Liebe verborgen. Weil es diesen Menschen gibt.«

Dieser Mensch, der erziehende, er braucht keine der Vollkommenheiten zu besitzen, die das Kind ihm anträumt. Er kann sich auch nicht »in einem fort mit dem Kind befassen, weder tatsächlich, noch auch in Gedanken, und solls auch nicht. Aber hat er es wirklich aufgenommen, dann ist jene unterirdische Dialogik, jene stete potentielle Gegenwärtigkeit des einen für den anderen gestiftet und dauert. Dann ist Wirklichkeit *zwischen* beiden, Gegenseitigkeit.« (1956, S. 39.)

Diese Wirklichkeit, diese Gegenseitigkeit und die darin enthaltene Freiheit, die der eine dem anderen gibt, sind die Essenz (essentials) der Erziehung, der gegenüber alle Einzelheiten, alle Fragen verblassen, an denen sich die Erziehungsratgeber, von den »Mut zur Erziehung« fordernden bis zu den anti-autoritären, ereifern.

Zu den exemplarischen Figuren des Erziehungsversagens in unserer Zeit gehört nicht mehr nur der »Konrad« aus dem Struwwelpeter – das autoritär gedemütigte, mißhandelte und bestrafte Kind – sondern auch »Kaspar Hauser«, das verlassene Kind, das sich nur noch mit sich selber beschäftigt, in ständiger Angst, daß seine eigenen Bedürfnisse vernachlässigt werden. Zu den Hauptformen verfehlter oder verzerrter Kommunikation zwischen Erwachsenen und Kindern gehört nicht nur der *Zwang,* sondern die *Beziehungslosigkeit,* die heute so oft mit Freiheit verwechselt wird.

Dazu noch einige Sätze von Martin Buber, dem Philosophen der »Verbundenheit«:

»Zwang ist eine negative Wirklichkeit, und Verbundenheit ist die positive; Freiheit ist eine Möglichkeit, die wiedergewonnene Möglichkeit. Vom Schicksal, von der Natur, von den Menschen gezwungen werden: der Gegenpol ist nicht, vom Schicksal, von der Natur, von den Menschen frei, sondern mit ihm, mit ihr, mit ihnen verbunden und verbündet sein; um dies zu werden, muß man freilich erst unabhängig geworden sein, aber die Unabhängigkeit ist ein Steg und kein Wohnraum...

Zwang in der Erziehung, das ist das Nichtverbundensein, das ist Geducktheit und Aufgelehntheit; Verbundenheit in der Erziehung ..., das ist Aufgeschlossen- und Einbezogensein; Freiheit in der Erziehung, das ist Verbundenwerdenkönnen.« (Ebd. S. 25 f.)

Verbundenwerdenkönnen, nämlich: Lieben können, eine Aufgabe übernehmen können, für Andere verläßlich sein, für einen Menschen und für eine Sache Verantwortung auf sich nehmen, in einer Gemeinschaft leben und diese aufrechterhalten wollen. Das alles kann man nicht in Kindern erzeugen und ihnen auch nicht »anerziehen«. Aber man kann es die Kinder erleben lassen, daß man selbst, auch im Blick auf sie, unter solchem Anspruch steht, und man kann hoffen, daß sie ihn damit, auf *ihre* Weise, auch erfahren.

Anmerkungen

Diese Schrift als ein Essay bedarf keines wissenschaftlichen Apparats. Aber einige erläuternde und abgrenzende Bemerkungen und einige Hinweise darauf, zu welchen Autoren und Werken, über die im Text ausgewiesenen Zitate hinaus, eine nähere Beziehung besteht, sind vielleicht für den einen oder anderen Leser nützlich.

Zu Kapitel 1 (Struwwelpeter)

Über den Struwwelpeter und seine Wirkungsgeschichte erfährt man vieles aus Marie-Luise Könnekers »Doktor Heinrich Hoffmanns Struwwelpeter« (1977) und dem Artikel von Helmut Müller über den »langanhaltenden Erfolg und das wandlungsreiche Leben« dieses Buchs (1969, die genauen bibliographischen Angaben finden sich jeweils hinten im Literaturverzeichnis). Theodor Schulze (1973) hat über die Struwwelpetergeschichten als pädagogische Alltagssituationen und ihre Beziehung zu gängigen Elternbüchern einen amüsanten, mehrfach nachgedruckten Aufsatz geschrieben. Peter Weiß erzählt in »Abschied von den Eltern« (1961) über seine persönlichen Erinnerungen an den Struwwelpeter und an einige andere Kinderbücher (S. 62 ff.).

Zu Kapitel 2 (Schwarze Pädagogik)

Das Lutherzitat findet sich in der Ausgabe von O. Clemen im Bd. 4, S. 22 (WA 30/I S. 151).

Der interessanteste Teil des Buchs von K. Rutschky ist der ausführliche Einleitungsessay der Verfasserin, der auch sehr viel mehr Problembewußtsein verrät als die ironischen Vorworte zu den thematischen Kapiteln. Nicht diskutiert wird in der Einleitung, warum die großen Pädagogen der behandelten Epoche für das Ausleseprinzip der Anthologin so unergiebig waren (siehe oben S. 34 f.).

Die Überlegungen anhand von N. Elias' Thesen bedürften vielfältiger historischer Differenzierung. Die Gemeinsamkeit eines europäischen Bürgertums oberhalb nationaler Verschiedenheit, die es im 18. Jahrhundert in Andeutungen gab, ist durch die Koalitions- und Napoleonkriege stark zurückgeworfen worden. Der Zentralisierungsprozeß, den N. Elias besonders anhand der französischen Geschichte beschreibt, findet in der deutschen Entwicklung allenfalls in Preußen und Österreich Analogien. Auch die historischen Materialien von E. Badinter, die sich vor allem auf städtische Verhältnisse in Frankreich beziehen, lassen sich nicht ohne weiteres verallgemeinern. Aus der

Historizität des Erscheinungsbildes von Mutterliebe zu folgern, daß es eine genuin-anthropologische Grundlage gar nicht gebe, scheint mir zudem überspitzt und durch die vorgelegten Materialien nicht gedeckt.

Zu Kapitel 3 (Anti-Pädagogen)

Von den antipädagogischen Büchern verdienten m. E. eine ausführlichere Diskussion das Buch von M. Mannoni (1976) (das der Verlag leider durch den Fehlgriff beim Titel an möglichen Lesern vorbeimanipuliert hat; das Sprachspiel im Originaltitel »Education impossible« wäre etwa zu übersetzen: Erziehung unmöglich? Unmögliche Erziehung!); ferner der Versuch einer antipädagogischen Pädagogik, den das Elternbuch von H. v. Schoenebeck (1982) enthält.

Eine Auseinandersetzung mit der hier besprochenen Literatur, die weit über meine kurze Darstellung hinausreicht, findet sich in den Aufsätzen von Oelkers (1978) und Lehmann/Oelkers (1981) und in M. Winklers Buch »Stichworte zur Antipädagogik« (1982).

Zur Diskussion um die »Rechte des Kindes« vgl. auch J. Korczak 1967, S. 40; R. Farson 1975; E. Flitner 1975; A. Frommann 1979.

Zu Kapitel 4 (Alice Miller)

Sowohl die Probleme der Selbstwerdung – des »wahren« und des »falschen« Selbst – wie die des kindlichen und jugendlichen Narzißmus – des »gesunden« und des »pathologischen« Narzißmus – werden heute in großer Breite diskutiert. Ich nenne hier nur den von G. Bittner (1981) herausgegebenen Band über das Würzburger Symposion »Selbstwerden des Kindes« und den vom Psychoanalytischen Seminar Zürich (1981) edierten Band über die neuen Narzißmustheorien. (Die darin enthaltene Auseinandersetzung von E. Modena mit A. Miller spiegelt die Kontroversen innerhalb der Psychoanalyse.).

Zu Kapitel 5 (Was heißt »erziehen«?)

Bedarf mein »Fall«-Material, aus der pädagogischen oder mehr noch aus der autobiographischen und belletristischen Literatur, der Rechtfertigung? Wohl nicht, denn der Sinn für Kasuistik, Alltagsbeschreibungen und auch für die pädagogische Verwertung der Einblicke in menschliche Verhältnisse, welche die Dichtung und Literatur bieten, hat sich in den letzten Jahren wieder verbreitet. Von den vielfältigen methodischen Erwägungen darüber, was sich aus solchen Texten gewinnen läßt (z.B. Baacke/Schulze 1979; Loch 1979; Rumpf 1979; Oelkers 1981; Regensburger Tagung der Dt. Gesellschaft für Erziehungswissenschaft 1982), mache ich hier freilich nur begrenzten Gebrauch, setze vielmehr die ausgewählten Szenen und Textstücke naiv dort ein, wo sie mir als Anstoß zur pädagogischen Reflexion dienlich scheinen.

Über die »großen Wörter« der Erziehung vgl. J. Oelkers' Briefwechsel mit H. Gidion (Oelkers 1981).

Zu den angeschnittenen Erziehungsthemen und -positionen und meinem Versuch, einige sehr einfache Wahrheiten der Erziehungslehre in Erinnerung zu rufen, gebe ich hier, da sie uferlos würde, keine weitere Literatur an.

Zu Kapitel 6 (Nachbesinnung)

Der Anfangssatz stammt aus M. Wandruszka: Die Mehrsprachigkeit des Menschen, München 1979, S. 195. Die verschiedene Farbe und das Assoziationsfeld der Wörter »Erziehung« und »education« hat mir Reinhard Riemerschmid noch einmal in Erinnerung gerufen. Zur modernen Rationalität und dem »Aufwachsen in Vernunft« vgl. H. v. Hentig (1981), E. Eppler (1979), H. E. Richter (1981). Zum Wiederlesen und Neubedenken von Martin Bubers Reden über die Erziehung gab mir Paul Röhrigs Buber-Aufsatz (Neue Sammlung 6/1978) den Anstoß.

Für mein Nachdenken über Vergangenheit und Gegenwart meiner Generation waren mir in jüngster Zeit Christa Wolfs »Kindheitsmuster«, Peter Härtlings »Nachgetragene Liebe« und Hans Jonas' »Das Prinzip Verantwortung« besonders wichtig.

Literatur

Anders, G.: Die Antiquiertheit des Menschen. Band II: Über die Zerstörung des Lebens im Zeitalter der dritten industriellen Revolution. München 1980.

Andersch, A.: Der Vater eines Mörders. Eine Schulgeschichte. Zürich 1980.

Ariès, Ph.: Geschichte der Kindheit (1960). Dt. München 1975.

Baacke, D./Schulze, Th. (Hrsg.): Aus Geschichten lernen. Zur Einübung pädagogischen Verstehens. München 1979.

Badinter, E.: Die Mutterliebe. Geschichte eines Gefühls vom 17. Jahrhundert bis heute. München, Zürich 1981.

Basedow, J. B.: Ausgewählte Schriften. Hrsg. v. H. Göring. Langensalza 1880.

Bauer, K. W./Hengst, H. (Hrsg.): Kritische Stichwörter zur Kinderkultur. München 1978.

Bauer, K. W./Hengst, H.: Wirklichkeit aus zweiter Hand. Kindheit in der Erfahrungswelt von Spielwaren und Medienprodukten. Reinbek 1980.

Benjamin, W.: Über Kinder, Jugend und Erziehung. Frankfurt 1969.

Benner, D./Brüggen, F./Butterhof, H.-W./Hentig, H. v./Kemper, H.: Entgegnungen zum Bonner Forum »Mut zur Erziehung«. München, Wien, Baltimore 1978.

Bereiter, C.: Must We Educate? Englewood Cliffs, N.J. 1973.

Bernfeld, S.: Sisyphos oder die Grenzen der Erziehung (1925). Frankfurt 1967.

Bernhard, Th.: Ein Kind. Salzburg, Wien 1982.

Bittner, G.: Narzißmus und »falsches Selbst« des Kindes. Anmerkungen zu einem Buch von Alice Miller. In: Z. f. Päd. 26 (1980), S. 99–106.

Bittner, G. (Hrsg.): Selbstwerden des Kindes. Ein neues tiefenpsychologisches Konzept. Fellbach 1981.

Braunmühl, E. v.: Antipädagogik. Studien zur Abschaffung der Erziehung. Weinheim, Basel 1975.

Braunmühl, E. v.: Zeit für Kinder. Frankfurt 1978.

Braunmühl, E. v./Kupffer, H./Ostermeyer, H.: Die Gleichberechtigung des Kindes. Frankfurt 1976.

Bronfenbrenner, U.: Die Ökologie der menschlichen Entwicklung. Natürliche und geplante Experimente. Stuttgart 1981.

Brück, H.: Mir kommt ein Kind zu nahe. In: Kindheit, Jg. 1 (1979), S. 127–130.

Bruner, J. S.: Wie das Kind lernt, sich sprachlich zu verständigen. In: Zeitschrift für Pädagogik, Jg. 23 (1977), S. 829–845.

Buber, M.: Reden über Erziehung. Heidelberg 1956.

Bubner, R.: Rationalität als Lebensform. Zu Jürgen Habermas' »Theorie des kommunikativen Handelns«. In: Merkur, Jg. 36 (1982), S. 341–355.

Bubner, R.: Handlung, Sprache und Vernunft. Grundbegriffe praktischer Philosophie. Frankfurt ^{2}1982.

Campe, J. H.: Sammlung einiger Erziehungsschriften, 2 Bde. Leipzig 1778.

Cloer, E.: Menschenwürde und Leistungsbegriff in einer humanen Schule. In: liberal – Beiträge zur Entwicklung einer freiheitlichen Ordnung 23 (1981) H. 10, S. 734–753.

Coleman, J. S.: The Asymmetric Society. Syracuse 1982.
Cremerius, J. (Hrsg.): Neurose und Genialität. Psychoanalytische Biographien. Frankfurt 1971.
Doehlemann, M.: Von Kindern lernen. Zur Position des Kindes in der Welt der Erwachsenen. München 1979.
Donaldson, M.: Children's Minds. London 1978. (Dt.: Wie Kinder denken. Bern, Stuttgart 1982.)
Edelstein, W./Keller, M. (Hrsg.): Perspektivität und Interpretation. Beiträge zur Entwicklung des sozialen Verstehens. Frankfurt 1982.
Elias, N.: Über den Prozeß der Zivilisation. 2 Bde. (1939). Frankfurt [2]1977.
Elschenbroich, D.: Kinder werden nicht geboren. Studien zur Entstehung der Kindheit. Bensheim 1977.
Eppler, E.: Was sollen unsere Kinder lernen? In: Neue Sammlung 19 (1979), S. 336–339.
Farson, R.: Menschenrechte für Kinder. Die letzte Minderheit. München 1975.
Fatke, R.: Die Phantasie und das Selbst des Kindes. In: Bittner 1980.
Fend, H.: Theorie der Schule. München, Wien, Baltimore 1980.
Flitner, A.: Mißratener Fortschritt. Pädagogische Anmerkungen zur Bildungspolitik. München 1977.
Flitner, A.: Eine Wissenschaft für die Praxis? In: Z. f. Päd. 24 (1978), S. 183–193.
Flitner, E.: Unsere Lebenswelt und die Kinder – Für eine neue Charta des Kindes. In: Universitas 30 (1975), S. 363–369.
Flitner, W.: Ist Erziehung sittlich erlaubt? In: Z. f. Päd. 25 (1979), S. 499–504.
Flitner, W.: Allgemeine Pädagogik. 13. Aufl. Stuttgart 1970.
Fontane, Th.: Meine Kinderjahre (1893). Sämtliche Werke, hrsg. v. W. Keitel. Aufsätze, Kritiken, Erinnerungen. Bd. 4. Darmstadt 1973.
Freundschaft mit Kindern – Förderkreis e.V.: Kinderrechtsbewegung und Deutsches Kindermanifest. Münster 1981.
Frommann, A.: Die Rechte von Kindern innerhalb ihrer Familien. In: Neue Praxis 9 (1979), S. 352–363.
Gauch, S.: Vaterspuren. Eine Erzählung (1979). Frankfurt [2]1982.
Gaudig, H.: Die Schule im Dienste der werdenden Persönlichkeit. Leipzig 1930.
Geißler, E. E.: Erziehungsmittel. Bad Heilbrunn [4]1973.
Gellert, Ch. F.: Fabeln und Erzählungen. Hist.-krit. Ausgabe, bearb. v. S. Scheibe. Tübingen 1966.
Gregor-Dellin, M. (Hrsg.): Deutsche Schulzeit. Erinnerungen und Erzählungen aus drei Jahrhunderten. München 1979.
Grisebach, E.: Die Grenzen des Erziehers und seine Verantwortung. Halle 1924.
Gstettner, P.: Die Eroberung des Kindes durch die Wissenschaft. Aus der Geschichte der Disziplinierung. Reinbek 1981.
Habermas, J.: Theorie des kommunikativen Handelns. 2 Bde. Frankfurt 1981.
Härtling, P.: Nachgetragene Liebe. Darmstadt, Neuwied 1980.

Handke, P.: Kindergeschichte. Frankfurt 1981.
Hardach-Pinke, I./Hardach, G. (Hrsg.): Deutsche Kindheiten. Autobiographische Zeugnisse 1700–1900. Kronberg 1978.
Hartmann-Winkler, W.: Lebensbewältigung im Kinderbuch. Wien 1970.
Hausen, K.: Die Polarisierung der »Geschlechtscharaktere« – Eine Spiegelung der Dissoziation von Erwerbs- und Familienleben. In: Conze, W. (Hrsg.): Sozialgeschichte der Familie in der Neuzeit Europas. Stuttgart 1976.
Hefft, G.: Elternbücher. Eine pädagogische Analyse. München/Zürich 1978.
Hefft, G.: Rezension von L. J. Kaplan: Die zweite Geburt. In: Z. f. Päd. 28 (1982), S. 329–333.
Helfer, R. E./Kempe, C. H. (Hrsg.): Das geschlagene Kind. Frankfurt 1978.
Hellpach, W.: Erzogene über Erziehung. Dokumente von Berufenen. Heidelberg 1954.
Hemminger, H.: Kindheit als Schicksal? Die Frage nach den Langzeitfolgen frühkindlicher seelischer Verletzungen. Reinbek 1982.
Hengst, H./Köhler, M., u. a.: Kindheit als Fiktion. Frankfurt 1981.
Henningsen, J.: Autobiographie und Erziehungswissenschaft. (Neue pädagogische Bemühungen Nr. 87.) Essen 1981.
Hentig, H. v.: Aufwachsen in Vernunft. Kommentare zur Dialektik der Bildungsreform. Stuttgart 1981.
Hentze, H.: Sexualität in der Pädagogik des späten 18. Jahrhunderts. Frankfurt, Bern 1979.
Herrmann, U.: Joachim Heinrich Campe. In: Neue Sammlung, Jg. 15 (1975). S. 464–481.
Hesse, H.: Schön ist die Jugend (aus dem Sammelband »Diesseits«, 1930) Frankfurt 1971.
Hessen, S.: Tolstoj als Pädagoge. In: Die Erziehung 4 (1929), S. 1–27.
Hirsch, H. (Hrsg.): Über Tisch und Bänke. Erzählte Kindheit. Darmstadt, Neuwied 1982.
Holt, H.: Zum Teufel mit der Kindheit. Über die Bedürfnisse und Rechte von Kindern. Wetzlar 1978.
Horkheimer, M./Adorno, Th. W.: Dialektik der Aufklärung (1947). Frankfurt 1971.
Hornstein, W. u. a.: Jugend ohne Orientierung. Zur Sinnkrise der gegenwärtigen Gesellschaft. München, Wien, Baltimore 1982.
Hunscha, Ch.: Struwwelpeter und Anti-Struwwelpeter. In: Ch. Hunscha: Struwwelpeter und Krümelmonster. Die Darstellung der Wirklichkeit in Kinderbüchern und Kinderfernsehen. Frankfurt 1974.
Hurrelmann, K./Ulich, D. (Hrsg.): Handbuch der Sozialisationsforschung. Weinheim, Basel 1980.
Illich, I.: Entschulung der Gesellschaft. München 1972.
Jegge, J.: Dummheit ist lernbar. Erfahrungen mit »Schulversagern«. Bern 1976.
Johansen, E. M.: Betrogene Kinder. Eine Sozialgeschichte der Kindheit. Frankfurt 1978.
Jonas, H.: Das Prinzip Verantwortung. Versuch einer Ethik für die technologische Zivilisation. Frankfurt 1979.

Kafka, F.: Brief an den Vater (1919). Frankfurt 1975.
Kaplan, L. S.: Die zweite Geburt. Dein Kind wird zur Persönlichkeit. München, Zürich 1981.
Kaschnitz, M. L.: Das Haus der Kindheit (1956). Reinbek 1962.
Kersten, P.: Der alltägliche Tod meines Vaters. Erzählung. Köln 1978.
Key, E.: Das Jahrhundert des Kindes. Frankfurt 1902.
Klafki, W.: Sinn und Unsinn des Leistungsprinzips in der Erziehung. In: Klafki, W.: Aspekte kritisch-konstruktiver Erziehungswissenschaft. Weinheim, Basel 1976.
Kleist, H. v.: Allerneuester Erziehungsplan (1810). Werke. Hrsg. von E. Schmidt. Bd. 4, Leipzig, Wien o. J.
Könneker, M. L.: Doktor Heinrich Hoffmanns »Struwwelpeter«. Untersuchungen zur Entstehungs- und Funktionsgeschichte eines bürgerlichen Bilderbuchs. Stuttgart 1977.
Korczak, J.: Wie man ein Kind lieben soll. Göttingen 1967.
Korczak, J.: Das Recht des Kindes auf Achtung. Göttingen 1970.
Kosellek, R.: Kritik und Krise. Eine Studie zur Pathogenese der bürgerlichen Welt. Frankfurt/M. ^{2}1976.
Kreis, R.: Die verborgene Geschichte des Kindes in der deutschen Literatur. Deutschunterricht als Psychohistorik. Stuttgart 1980.
Kupffer, H.: Antipsychiatrie und Antipädagogik. In: Die deutsche Schule 66 (1974), S. 591–604.
Kupffer, H.: Pädagogische Praxis und ihre Theorie. Zum Problem der Freiheit erzieherischen Handelns. Weinheim, Basel 1977.
Kupffer, H.: Erziehung – Angriff auf die Freiheit. Essays gegen Pädagogik, die den Lebensweg des Menschen mit Hinweisschildern umstellt. Weinheim, Basel 1980.
Laing, R. D.: Gespräche mit meinen Kindern. Köln 1980.
Langeveld, M. J.: Studien zur Anthropologie des Kindes. Heidelberg ^{2}1964.
Lasch, Ch.: Das Zeitalter des Narzißmus. München 1980.
Lehmann, Th./Oelkers, J.: Liberalismus, Ideologiekritik und Antipädagogik. In: Z. f. Päd. 27 (1981), S. 105–125.
Lenzen, K.-D.: Kinderkultur. Die sanfte Anpassung. Frankfurt 1978.
Leschinsky, A./Roeder, P. M.: Schule im historischen Prozeß. Zum Wechselverhältnis von institutioneller Erziehung und gesellschaftlicher Entwicklung. Stuttgart 1976.
Lewin, K.: Die psychologische Situation bei Lohn und Strafe (1931). Darmstadt ^{2}1964.
Liedloff, J.: Auf der Suche nach dem verlorenen Glück. Gegen die Zerstörung unserer Glücksfähigkeit in der frühen Kindheit. München 1980.
Loch, W.: Lebenslauf und Erziehung. (Neue pädagogische Bemühungen Nr. 79.) Essen 1979.
Luhmann, N./Schorr, K. E. (Hrsg.): Zwischen Technologie und Selbstreferenz. Fragen an die Pädagogik. Frankfurt 1982.
Mannoni, M.: »Scheißerziehung«. Von der Antipsychiatrie zur Antipädagogik. Frankfurt 1976.

Meckel, Ch.: Suchbild. Über meinen Vater. Düsseldorf 1980.
Mendel, G.: Plädoyer für die Entkolonisierung des Kindes. Sozio-psychoanalyse der Autorität. Olten, Freiburg 1973.
Miller, A.: Das Drama des begabten Kindes und die Suche nach dem wahren Selbst. Frankfurt 1979.
Miller, A.: Am Anfang war Erziehung. Frankfurt 1981.
Miller, A.: Du sollst nicht merken. Variationen über das Paradies-Thema. Fankfurt 1981.
Mitscherlich, A.: Ödipus und Kaspar Hauser. Tiefenpsychologische Probleme in der Gegenwart. In: Der Monat 3 (1950), H. 25, S. 11–18.
Mitscherlich, A.: Auf dem Weg zur vaterlosen Gesellschaft. Ideen zur Sozialpsychologie. München 1963.
Müller, H.: Der »Struwwelpeter« – der langanhaltende Erfolg und das wandlungsreiche Leben eines deutschen Bilderbuches. In: K. Doderer: Klassische Kinder- und Jugendbücher. Kritische Betrachtungen. Weinheim, Basel 1969, S. 55–97.
Münch, M. C.: Universal-Lexicon der Erziehungs- und Unterrichtslehre. 3 Bde. Augsburg 1841/42.
Mut zur Erziehung. Beiträge zu einem Forum am 9./10. Januar 1978 im Wissenschaftszentrum Bonn-Bad Godesberg. Stuttgart 1979.
Neill, A. S.: Theorie und Praxis der antiautoritären Erziehung. Das Beispiel Summerhill. Reinbek 1970.
Nelson, L.: Die Reformation der Gesinnung durch Erziehung zum Selbstvertrauen (1917). Leipzig ^{2}1922.
Nikitin, Boris und Lena: Die Nikitin-Kinder. Ein Modell frühkindlicher Erziehung. Hrsg. v. M. Butenschön. Köln 1978.
Nitschke, A.: Das verwaiste Kind der Natur. Tübingen 1962.
Oelkers, J.: Die Abschaffung der Erziehung durch Erziehung. Neue Literatur zur »Anti-Pädagogik«. In: Neue Politische Literatur 23 (1978), S. 350–366.
Oelkers, J.: Der Gebildete, der Narziß und die Zeit. Wandlungen in den Voraussetzungen pädagogisch-politischer Theoriebildung. In: Neue Politische Literatur 25 (1980), S. 423–442.
Oelkers, J.: Müssen uns die Dichter sagen, was ›Erziehung‹ ist? Pädagogische Anmerkungen zu Peter Handkes ›Kindergeschichte‹. In: Neue Sammlung 21 (1981), S. 273–284. (mit H. Gidion.)
Oelkers, J./Neumann, D.: Folgenlose Moden? Beobachtungen zur Trivialisierung der Pädagogik. In: Pädagogische Rundschau 35 (1981), S. 623–648.
Ostermeyer, H.: siehe Braunmühl u. a. 1976.
Paul, Jean: Levana oder Erziehlehre (^{2}1811). Hrsg. v. K. G. Fischer. Paderborn 1963.
Peters, R. S.: Personales Verstehen und persönliche Beziehungen. In: Edelstein/Keller 1982.
Psychoanalytisches Seminar Zürich (Hrsg.): Die neuen Narzißmustheorien: Zurück ins Paradies? Frankfurt 1981.
Rabe, H.: Die Entdeckung der Kindheit. Konstanz 1980.
Redl, F.: Erziehung schwieriger Kinder. Beiträge zu einer psychotherapeutisch orientierten Pädagogik. Hrsg. v. R. Fatke. München 1971.

Redl, F./Wineman, D.: Steuerung des aggressiven Verhaltens beim Kind. Hrsg. v. R. Fatke. München 1976.

Reboul, O.: Indoktrination – Wenn Denken unterdrückt wird. Olten, Freiburg 1979.

Rehmann, R.: Der Mann auf der Kanzel. Fragen an einen Vater. München, Wien 1979.

Reinacher, J.: Befreiung von der Kindheit. Berlin 1979.

Richter, H. E.: Was sollen unsere Kinder lernen? Das Dilemma der Pädagogik. In: H. E. Richter: Sich der Krise stellen. Reinbek 1981.

Röhrig, P.: Martin Buber wiedergelesen. In: Neue Sammlung 18 (1978), S. 506–518.

Roth, H.: Pädagogische Anthropologie. 2 Bde. Hannover 1966/1971.

Rousseau, J. J.: Emile oder Über die Erziehung (1762). Hrsg. v. M. Rang, Stuttgart 1963.

Rumpf, H.: Die noch nicht ganz zivilisierte Phantasie. Vier dialektische Stückchen mit einer Nachbemerkung über Fallgeschichten. In: Neue Sammlung (1979), S. 37–48.

Rumpf, H.: Die übergangene Sinnlichkeit. Drei Kapitel über die Schule. München 1981.

Rutschky, K. (Hrsg.): Schwarze Pädagogik. Quellen zur Naturgeschichte der bürgerlichen Erziehung. Frankfurt, Berlin, Wien 1977.

Rutschky, K. u. a.: Laßt doch den Kindern ihr Fernsehen. In: Brigitte 5/1982, S. 116–120.

Salzmann, Ch. G.: Krebsbüchlein (^{1}1780, ^{4}1806). Hrsg. v. D. Wimmers, Paderborn ^{8}1916.

Schatzmann, M.: Die Angst vor dem Vater. Langzeitwirkungen einer Erziehungsmethode. Eine Analyse am Fall Schreber. Reinbek 1978.

Scheibe, W.: Die Strafe als Problem der Erziehung. Weinheim 1967.

Scheu, U.: Wir werden nicht als Mädchen geboren – wir werden dazu gemacht. Zur frühkindlichen Erziehung in unserer Gesellschaft. Frankfurt 1977.

Scheuerl, H. (Hrsg.): Klassiker der Pädagogik. 2 Bde. München 1979.

Schleiermacher, F.: Die Vorlesungen aus dem Jahre 1826. In: Pädagogische Schriften. Hrsg. von Th. Schulze und E. Weniger. Düsseldorf, München 1957.

Schoenebeck, H. v.: Der Versuch, ein kinderfreundlicher Lehrer zu sein. Ein Tagebuch. Frankfurt 1980.

Schoenebeck, H. v.: Unterstützen statt erziehen. Die neue Eltern-Kind-Beziehung. München 1982.

Schulze, Th.: Häusliche Szenen und seelische Entwicklung. In: G. Bittner/E. Schmid-Cords (Hrsg.): Erziehung in früher Kindheit. München ^{5}1973.

Simitis, S./Rosenhölter, L. u. a.: Kindeswohl. Eine interdisziplinäre Untersuchung. Frankfurt 1979.

Stein, E.: Das Recht des Kindes auf Selbstentfaltung in der Schule. Neuwied, Berlin 1967.

Stiller, Uwe: Das Recht anders zu sein. Traditionelle Alternativen des indianischen Amerika. Berlin 1977.

Stirner, M.: Das unwahre Princip unserer Erziehung oder der Humanismus und Realismus (1842). In: Max Stirner's Kleinere Schriften. Hrsg. von J. H. Mackay. Treptow ^{2}1914.

Struck, K.: Die Mutter. Roman. Frankfurt 1975.

Thiersch, H.: Kritik und Handeln. Interaktionistische Aspekte der Sozialpädagogik. Neuwied, Darmstadt 1977.

Tolstoj, L. N.: Pädagogische Schriften. In: Sämtliche Werke. Hrsg. von R. Löwenfeld, Bd. 8/9, Jena 1907.

Trube-Becker, E.: Gewalt gegen das Kind. Vernachlässigung, Mißhandlung, sexueller Mißbrauch und Tötung von Kindern. Heidelberg 1982.

Wambach, M. M.: Kinder als Gefahr und Risiko. Zur Psychiatrisierung und Therapeutisierung von Kindheit. In: Hengst/Köhler u. a. 1981.

Weber, H.: Spuren der Kindheit in uns. Ankündigung von fünf Reiseberichten in die Vergangenheit. In: WPB 32 (1980), S. 286–288.

Weiß, P.: Abschied von den Eltern. Erzählung. Frankfurt 1961.

Weizsäcker, V. v.: Der kranke Mensch. Eine Einführung in die medizinische Anthropologie. Stuttgart 1951.

Wimmer, M.: Die Kindheit auf dem Lande. Reinbek 1978.

Winkler, M.: Stichworte zur Anti-Pädagogik. Elemente einer historisch-systematischen Kritik. Stuttgart 1982.

Wolf, A.: Zur Geschichte der Sozialpädagogik im Rahmen der sozialen Entwicklung. Donauwörth 1977.

Wolf, Ch.: Kindheitsmuster. Roman. Darmstadt, Neuwied 1977.

Zenz, G.: Kindesmißhandlung und Kindesrechte. Erfahrungswissen, Normstruktur und Entscheidungsrationalität. Frankfurt 1979.

Ziehe, Th.: Pubertät und Narzißmus. Sind Jugendliche entpolitisiert? Frankfurt, Köln 1975.

Zorn, F.: Mars. Frankfurt 1979.

CIP-Kurztitelaufnahme der Deutschen Bibliothek

Flitner, Andreas:
Konrad, sprach die Frau Mama : über Erziehung
u. Nicht-Erziehung / Andreas Flitner. –
Berlin : Severin und Siedler, 1982
ISBN 3-88680-037-7

Satz: Fotosatz Otto Gutfreund, Darmstadt
Druck und Buchbinder: Fuldaer Verlagsanstalt GmbH, Fulda
Printed in Germany 1982
ISBN 3-88680-037-7